1루에 발을 붙이고는
2루로 도루할 수 없다

You Can't Steal Second With Your Foot On First!

지은이 버크 헤지스 | 옮긴이 박 옥

1루에 발을 붙이고는
2루로 도루 할 수 없다

Nara
도서출판 나라

사회 발전에 필요한 사람은 100명의 화학자, 정치가, 교수, 엔지니어가 아니라 100명의 자유기업가다.

- 에이브러햄 매슬로 (Abraham Maslow)

헌사

자기사업을 꿈꾸고 그 꿈을 이루기 위해
행동하는 모든 사람에게 이 책을 바칩니다.

차례

헌사

머리말 / 독립을 위한 비싼 대가

PART 1
어떤 길을 선택하든 대가는 지불해야 한다

제 1 장	복권에 당첨되다!	14
제 2 장	인생은 모험의 연속이다	21
제 3 장	변화하지 않으면 변화당한다	33
제 4 장	운명은 기회가 아니라 선택이 결정한다	46

PART 2
돈 없이 살기 힘든 세상에서 파산한다는 것

제 5 장	파산은 현실이다	58
제 6 장	파산하는 것과 가난해지는 것	67
제 7 장	당신은 피해자인가, 승리자인가?	75
제 8 장	직장이 안정적이라는 것은 옛말이다	86

PART 3

이 시대의 가장 현명한 대안

제 9 장	소유할 것인가, 소유당할 것인가?	104
제 10 장	부자가 되는 비밀	115
제 11 장	이상적인 사업은?	123
제 12 장	1루에 발을 붙이고는 2루로 도루할 수 없다	136
제 13 장	개인 독립선언서에 서명하라	145
제 14 장	표지만 보고 전체 내용을 판단할 수는 없다	150

| 머리말 |

독립을 위한 비싼 대가

> 다른 누군가가 내 문제를 해결해줄 거라는 생각을
> 버리는 순간 우리는 자유로워진다.
> – H. 잭슨 브라운 주니어(H. Jackson Browne Jr.), 작가

자유를 빼앗겨본 적이 없는 사람은 '자유'가 얼마나 소중한지, 그것이 무엇을 의미하는지 완전히 이해하기 어렵다. 쿠바에서 잘나가는 사업체를 운영하던 내 아버지는 1959년 쿠바에 공산정권이 들어서면서 겨우 옷가지 몇 개만 챙겨 한밤중에 급히 빠져나와야 했다. 그런 경험 때문인지 나는 '자유'를 당연히 주어지는 것으로 여기는 사람을 보면 안타까운 마음이 든다.

더 슬픈 현실은 사람들이 공산주의만큼 위험한 어떤 사

고방식을 아무런 의심 없이 받아들인다는 사실이다. 나는 그것을 '직장주의'라고 부른다. 대다수는 개인의 자유를 빼앗는 공산주의에 거부반응을 보인다. 그런데 이상하게도 사람들은 직장주의를 당연시하며 월급을 위해 자유를 자발적으로 포기한다.

직장은 달콤한 함정이다. 계속 해서 고용주에게 의존해 살아가려 하면 결국 커다란 대가를 치르고 만다. 그 사실을 알려주고 언젠가 택해야 할 '독립적인 자유기업가'의 길을 알아보도록 격려하고자 내가 이 책을 쓴 것이다.

제1부에서는 '독립'이 다른 누군가가 아니라 당신에게 달려 있다는 것을 알려준다. 평범한 삶을 위해 치르는 대가가 성공하는 데 따르는 대가보다 훨씬 더 크다는 사실도 보여준다.

제2부에서는 파산에 전염성이 있는 이유를 비롯해 파산하는 것과 가난해지는 것의 차이점을 다룬다. 또 직장주의의 허구와 직장이 점점 불안해지는 이유도 파헤친다.

제3부에서는 부를 창출하고 유지하는 비결을 배운다.

현재와 다음 세대를 위한 이상적인 사업과 독립선언으로 의존의 사슬에서 벗어나는 방법도 살펴본다.

지금은 단순히 '돈을 버는 방법'이나 '사업하는 방법'을 뛰어넘는 무언가가 필요한 시대다. 이 책은 바로 그 '무언가'를 보여준다. 다음의 시는 인생과 관련해 많은 것을 대변해준다.

웃지도, 삶을 즐기지도 않는 어떤 남자가 있었다.
그는 모험도, 어떤 새로운 시도도 하지 않았다.
마침내 그의 삶이 끝났을 때 그는 보험금 지불을 거부당했다.
보험사는 그 이유를 이렇게 설명했다.
"그는 살았던 적이 없기 때문에 죽었다고 할 수도 없다."

— 작자 미상

당신이 독립적인 삶을 살아가도록, 직장상사에게서 벗어나도록, 미루기보다 행동으로 옮기도록 그리고 두려움으로 주저앉기보다 인생을 열정적으로 살아가도록 이 책이 용기를 주었으면 하는 마음 간절하다.

You Can't Steal Second With Your Foot On First!

I
어떤 길을 선택하든 대가는 지불해야 한다

복권에 당첨되다!

인생은 모험의 연속이다

변화하지 않으면 변화당한다

운명은 기회가 아니라 선택이 결정한다

1장

살다 보면 운이 필요하다고 하지만,
바보나 그 말을 믿는다.
- P. J. 오루크(P.J. O'Rourke), 언론인, 저술가

복권에 당첨되다!

지금도 기억이 생생한 그날, 나는 당첨금이 무려 8,600만 달러에 이르는 플로리다 복권의 당첨번호를 손에 쥐고 있었다. 그때의 그 벅찬 감동을 나는 결코 잊을 수가 없다. 이전 3~4주일 동안 복권 당첨자가 나오지 않아 누적된 상금이 8,600만 달러에 달해 어딜 가든 사람들은 복권 이야기를 하고 있었다.

마침 그날은 친구들을 저녁식사에 초대한 날이라 아내는 미리 사둔 복권 세 장과 신문을 거실에 두고 주방에 있었다. 세미나 때문에 멀리 출장을 갔다 돌아온 나는 모두가 지켜보는 가운데 한 장씩 번호를 대조해보았다. 첫 번

째 복권은 마지막 두 자리만 맞았고, 두 번째 복권은 맞는 숫자가 하나도 없었다.

"복권이 다 그렇지 뭐."

친구들이 체념하듯 말했다. 나는 남아 있던 마지막 복권의 번호를 대조했고 신문의 당첨번호와 똑같은 '7-4-18-47-12-27'을 읽는 순간 머리카락이 하늘로 쭈뼛 서는 느낌을 받았다. 세상에, 갑자기 심장박동이 빨라졌고 호흡이 거칠어졌다.

내가 꿈을 꾸고 있는 것은 아닐까? 나는 몇 번이고 번호를 다시 확인했다. 몇 번을 확인해도 번호는 일치했고 나는 손까지 부들부들 떨렸다. 거꾸로 대조해도 번호는 완벽하게 일치했다! 나는 의자에서 튕기듯 일어나며 큰 소리로 외쳤다.

"복권에 당첨되었다! 자그마치 8,600만 달러야. 이제 우리는 부자라고, 부자야!"

나는 눈 내리는 골목길을 뛰어다니는 강아지처럼 집 안을 이리저리 뛰어다니며 소리를 질렀다. 과연 다른 사람이 그때의 내 기분을 알 수 있을까? 몇 분 뒤 정신을 차리고 보니 이상하게도 아내와 친구들은 별다른 반응이 없었다.

뭐지? 아내는 나를 바라보며 웃었고 한 친구는 벽을 두드려가며 미친 듯이 웃어댔다. 아내는 간신히 웃음을 눌러가며 자초지종을 설명했다. 아내가 복권 판매점에 들렀을 때는 이미 복권 추첨이 끝난 후였고 아내는 나를 골려줄 생각으로 그 주의 당첨번호와 똑같은 번호로 다음 주 복권을 샀던 것이다. 나는 완벽하게 속았다!

날아오르는 기분과 추락하는 기분

나는 씁쓸한 마음으로 의자에 털썩 주저앉았다. 그런데 쏟아지는 친구들의 웃음소리를 듣자니 어쩐지 안도감이 느껴졌다. 사실 나는 그 순간에 아주 특별한 경험을 한 셈이었다. 세상에서 오직 소수만 아는 어떤 감정을 느껴본 게 아닌가.

"잠깐! 모두에게 할 말이 있어."

나는 진지한 표정으로 말했다. 그러자 떠들썩하던 분위기가 일시에 가라앉았다.

"우리 중에서 8,600만 달러에 당첨되었을 때의 기분이 어떤지 아는 사람은 오직 나뿐이야. 이건 정말 대박이야."

그때 내 등 뒤에서 누군가가 말했다.

"그래. 하지만 8,600만 달러를 잃었을 때의 기분을 아는 사람도 너뿐이야."

우리는 한바탕 크게 웃어댔다.

복권은 가벼운 기대감을 즐기는 것으로 족하다

복권은 인생역전이라는 미끼를 던지며 끊임없이 사람들을 유혹한다. 심지어 재능과 능력을 갖춘 사람들도 꿈을 이룰 수단으로 복권을 선택한다. 그렇지만 현실을 정확히 보아야 한다. 어떤 식으로 유혹을 하든 실제로는 복권 당첨 확률보다 번개에 맞을 확률이 더 높다.

그렇다고 내가 복권 그 자체를 비난하려는 것은 아니다. 나도 가끔씩 복권을 한두 장 구입해 소소한 기대감을 즐긴다. 당첨될지도 모른다는 가벼운 기대감을 즐기는 내가로 한 달에 한두 장 값을 지불하는 것은 충분히 가치가 있다고 본다. 그러나 복권 구입을 경제적 안정을 얻기 위한 올바른 전략으로 보기는 어렵다.

직장생활로 충분한 수입과 안정을
바라는 것은 희망사항일 뿐이다

　복권뿐 아니라 '구시대의 신념'도 많은 사람이 집착하는 것 중 하나다. 그 신념이란 '좋은 직장' 선호 심리를 말한다. 사람들은 직장이 충분한 수입과 안정된 미래를 보장해주길 기대하지만 그것은 희망사항일 뿐이다. 그럼에도 불구하고 여전히 많은 직장인이 '연봉 인상'과 '평생직장'이라는 미련을 버리지 못하고 있다.
　이미 일자리 감소와 비정규직, 계약직 증가로 직장생활의 불안정성이 극도로 높아진 상태가 아닌가? 이런 상황에서 어떻게 직장이 안정을 보장해줄 거라고 기대할 수 있단 말인가? 혹시 목표는 좋지만 전략을 잘못 짜고 있는 것은 아닌가?
　내가 소박한 진실을 말하자면 당신이 복권이나 직장에

의존해 경제적 안정을 추구할 경우, 당신은 거대한 속임수의 표적이 되고 만다는 사실이다.

안타깝게도 여전히 많은 사람이 복권 당첨을 기대하고, 막연히 해고되지 않기를 바라며 살고 있다. 이것은 어리석은 도박이나 마찬가지다. 정말로 돈을 버는 사람은 그 헛된 꿈을 파는 사람들이니 말이다. 카드 게임을 잘하는 사람은 이런 조언을 한다.

"만약 당신이 카드 게임에 초대받았다면 시작하기 전에 반드시 주위를 둘러보고 누가 잘 속아 넘어갈지 살펴라. 만약 그럴 만한 사람이 없다면 그냥 일어서서 나오는 것이 좋다. 바로 당신이 잘 속아 넘어가는 바보이기 때문이다."

요행 심리를 결단성 있는 행동으로 바꿔라

더는 어리석은 행동을 하지 않길 바란다. 복권이 주는 즐거운 기대감과 직장에서 받는 한정된 수입, 사유기입 시스템으로 얻는 진정한 기회를 혼동하지 않아야 한다. 모든 얽매임에서 벗어나 자유롭게 살아가려면 당신의 요행 심리를 결단성 있는 행동으로 바꿔야 한다. 자신이 안주하는 현재의 일상생활에서 탈피해 예측된 위험을 감수하고 열심히 노력해야 하는 것이다.

2장

모든 위험을 회피할 수는 없다.
그러나 위험을 인식하고 관리하면
스스로 감당할 만한 것을 선택할 수 있다.
- L. 호프웰(Hopewell)

인생은 모험의 연속이다

우리는 위험한 시대를 살아가고 있다. "인생에 보증수표란 없다"라는 말처럼 우리 주변에는 항상 불확실함과 모호함이 함께한다. 피할 방법이 없다면 당당히 맞서는 수밖에 없다. 어차피 인생은 모험의 연속이므로 위험을 피해 달아날 길은 없다.

사랑은 가슴에 상처를 남길 수 있고 결혼은 이혼의 고통을 주기도 하며, 호흡은 해로운 물질까지 체내로 흡입한다. 또 안정적으로 보이는 직장에 안주하면 해고의 위험이 따른다.

우리는 그 모든 위험을 감수해야 한다. 우리가 살아가

는 세상은 유토피아가 아니라 그야말로 현실 세계가 아닌가. 중요한 것은 우리가 위험을 감수하는 것을 넘어 그것을 이겨내야 한다는 점이다.

모든 위험을 회피할 수는 없다

모든 위험을 피하는 것은 불가능하지만, 미리 대비하면 어느 정도 대처할 수는 있다. 예를 들어 의사는 대개 고지방 식품을 섭취하고 운동을 하지 않으며, 흡연에다 과음까지 한다면 그 사람의 건강은 위험한 상태라고 판단한다. 실제로 모든 연구 결과는 이들이 암과 심장질환에 걸릴 확률이 높다는 것을 보여준다.

내 주변 사람들은 나를 '위험을 즐기는 사람'이라고 부른다. 그도 그럴 것이 나는 30대 초반까지 무려 아홉 번이나 사업을 시도했다. 그뿐 아니라 나는 스쿠버다이빙과 번지점프를 즐긴다. 비록 한두 번 속도위반 스티커를 받긴 했어도 나는 내 행동이 위험하다고 여기지 않는다. 그 모든 상황을 내가 통제할 수 있으니 말이다.

나는 내 일에 최선을 다했고 어느 정도 예상이 가능한 위험은 감수했다. 사람들은 흔히 감수해야 할 위험이 너무 커서 자기사업을 하고 싶지 않다고 말하지만, 나는 그 말을 이해할 수가 없다. 자기사업을 하는 것보다 다른 사람 밑에서 일하는 것이 더 위험부담이 크지 않을까? 나는 절대로 다른 사람 밑에서 일하고 싶은 마음이 없다.

당신은 다른 사람에게 아이를 대신 키워달라고 할 수 있는가? 다른 사람이 당신의 은행계좌를 이용하도록 내버려둘 수 있는가? 물론 아닐 것이다! 그것은 너무 위험하기 때문이다. 스스로 통제권을 포기하면 다른 사람에게 이용당할 수밖에 없다.

그런데 왜 당신은 월급을 받는 대가로 개인 경제와 주택대출금, 자동차할부금, 교육비, 의료보험 등의 통제권을 고용주가 갖게 하는가? 이것은 과연 이치에 맞는 일일까? 말도 안 되는 얘기다!

설령 지금은 직장이 있더라도 어느 날 갑자기 해고 통지를 받으면 당신은 졸지에 거리로 내몰려야 한다. 낭신의 직장은 정말 안정적인가? 오히려 나는 직장생활이야말로 가장 위험부담이 크다고 생각한다.

위험을 평가하는 법

미국의 시트콤 작가 노먼 리어(Norman Lear)는 언젠가 개인적·사업적으로 위험을 과감하게 받아들이는 것이 왜 중요한지 지적했다.

"위험에 도전할지 혹은 회피할지 결정할 때 두 가지 질문을 하라. 실패했을 때 최악의 상황은 무엇인가? 최악의 상황이 닥치면 살아남을 수 있는가?"

나는 새로운 모험을 시작하거나 신규 사업에 투자할 때마다 이 두 가지 질문을 한다. 그만큼 나는 위험을 가볍게 여기지도 않고 도박을 하듯 무모하게 들이대지도 않는다. 위험에 도전하는 것과 도박에는 커다란 차이가 있다.

만약 당신에게 1,000달러가 있다고 해보자. 그 돈을 들고 라스베이거스의 카지노에 가서 룰렛 테이블 붉은 칸에 몽땅 걸면 게임 판이 한 바퀴 돌았을 때 돈이 두 배가 될 수도 있다. 하지만 몽땅 잃을 확률은 그보다 훨씬 더 높다.

바로 이것이 도박이다.

반면 그 돈을 코카콜라 같은 우량주에 장기간 투자하면 원금을 잃지 않고 10퍼센트 이상의 수익을 올릴 확률이 높다. 단기간에는 주가가 떨어질 수도 있으나 이것은 어디까지나 과거의 기록을 근거로 예측 가능한 위험에 도전하는 일이다.

도박과 예측 가능한 위험에 도전하는 것에는 당신에게 통제력이 있느냐 없느냐의 차이가 있다. 예측 가능한 위험에 도전할 경우 통제권은 당신에게 있다. 반대로 도박에서 당신은 결과에 아무런 영향도 미치지 못한다.

액수가 커질수록 통제권을 쥐는 것은 더욱더 중요하다. 기업가들이 소유지분비율을 높이려 하는 이유가 여기에 있다. 그들은 통제권을 쥐고 자신이 원하는 대로 기업을 경영하고 싶어 한다.

통제권을 쥔다는 것에 주목하라. 예측 가능한 모험에 도전하는 것은 무모한 도박보다 훨씬 더 현명하고 보수적인 행동이다.

어떤 길을 선택하든 대가는 지불하게 마련이다

사람들이 도전하길 꺼려하는 이유는 실패가 두려워서다.

만약 실패하면 주위에서 뭐라고 할까?

만약 실패하면 날려버린 투자금을 다시 벌 수 있을까?

만약 실패하면 내 나이에 재기가 가능할까?

이것은 당연한 걱정이다. 그러면 당신 자신에게 다음의 질문을 해보라.

"성공한 사람들도 나와 똑같은 두려움을 느꼈을까?"

물론이다! 차이가 있다면 성공한 사람들은 그 두려움과 미래의 보상을 비교 분석한 뒤 행동으로 두려움을 극복한다는 점이다.

창업자들이 위험을 떠안고 투자하는 돈은 대개 스스로 저축한 돈이나 가족, 친지, 은행에서 빌린 돈이다. 많은 시간 투자와 어려운 결단이라는 대가를 치르고 성공할 경우, 그들은 엄청난 보상을 받는다! 반대로 실패하면 돈과 자신감을 잃고 자존심에 상처를 입는다. 그렇다면 아무것도 시도하지 않는 사람은 어떨까? 그럭저럭 평범한 일생을 보낼 뿐이다. 결국 어떤 길을 선택하든 우리는 대가를 지불한다.

나라면 언제든 과거의 실패를 극복하고 성공을 위해 대가를 치르는 쪽을 택하겠다. 아무튼 나는 만화 《가필드》에 나오는 존처럼 되고 싶지는 않다. 만화에서 존이 말한다.

"가필드, 내게도 전생이 있을까?"

가필드는 측은한 눈빛으로 존을 바라보며 대답한다.

"아마 없을 거야. 너는 현생에도 존재하는 게 아니잖아."

인생은 연극 연습장이 아니고 구경꾼을 위한 스포츠도 아니다. 나는 두려움 때문에 한 번도 도전하지 않고 그럭저럭 살다가 인생을 마감하고 싶지는 않다. 당신은 어떠한가?

내면의 적, 자기합리화

많은 사람이 자신의 약점을 합리화하면서 편안히 눌러

앉는 쪽을 선택한다. 평균 체중에서 20킬로그램 이상이 더 나가는 사람도 "뭐, 어때. 나보다 더 심한 사람도 많은데. 나보다 50킬로그램이 더 나가는 사람도 있어. 그들에 비하면 나는 날씬한 거야"라며 자신을 합리화한다.

때로 자기합리화는 우리에게 독소로 작용한다. 혹시 당신은 직장 생활이 싫어도 "이게 최선은 아니지만 그래도 괜찮은 일이고 위험하지도 않으니 월급을 좀 적게 받아도 그리 나쁘지 않아"라고 합리화하고 있지 않은가?

절대 그렇지 않다! 자기사업을 추진할 능력이 있으면서도 예측 가능한 위험에 도전해 창업할 용기가 없어서 직장에 안주하는 것은 나쁘지 않은 선택이 아니다. 미국의 심리학자 에이브러햄 매슬로는 그 사실을 날카롭게 지적한 바 있다.

"자기 능력을 제대로 활용하지 못하는 사람은 일생을 불행하게 보낼 것이다."

매슬로는 우리가 돈을 많이 벌거나 인정을 받아야 행복하다고 말하지 않았다. 엘비스 프레슬리, 메릴린 먼로, 지미 핸드릭스 같은 사람만 봐도 돈과 명예가 행복을 안겨주는 것은 아님을 알 수 있다.

자기 능력을 제대로 활용하는 사람은 '자아실현형'인데 이들은 자신의 모든 잠재력을 발휘하기 위해 노력한다. 즉, 이들은 변명 따위는 뒷주머니에 찔러 넣고 목표를 향해 꾸준히 나아간다.

실패하면 방법을 바꾸면 그만이다

대다수가 모든 초점을 성공과 승리에만 두는 나머지 실패를 병적으로 두려워한다. 그러나 실패는 그리 나쁜 게 아니며 오히려 삶에 필요한 요소다. 실패는 당신에게 유익할 수도 있다. 개인적으로 여러 사업에서 실패해본 나는 실패가 어떤 것인지 잘 알고 있다. 나는 실패하지 않았다면 결코 배울 수 없었을 귀중한 교훈을 실패에서 배운다. 그 교훈은 미래의 성공에 필수적인 요소다.

당신은 지금 자기사업에서 어려운 상황과 싸우고 있을지도 모른다. 나도 경험해본 일이라 당신이 겪는 고충을 충분히 안다. 내가 해주고 싶은 말은 아무리 어렵고 힘들어도 버티라는 것이다. 버텨서 이겨내야 한다. 성공은 순간적으로 얻어지는 것이 아니라 장기간에 걸친 계획이다. 100미터 달리기가 아닌 마라톤에 임하듯 사업을 공략하라. 현재의 결과가 만족스럽지 않으면 방법을 바꿔라. 하지만 절대로 자기사업을 포기해서는 안 된다.

사업에 실패하는 것은 부끄러운 게 아니다. 부끄러운 것은 다음 사업에서 똑같은 실수를 되풀이하는 일이다. 더 부끄러운 것은 한두 번의 실패로 모든 꿈을 포기하는 것이다. 언젠가 영화감독 우디 앨런은 "청중은 항상 옳다"라고 말했다. 자유기업 역시 항상 옳다.

사업에 실패한 것은 자유기업의 잘못이 아니다. 일을 하다 보면 방법을 바꾸거나 심지어 사업 자체를 바꿔야 할 때도 있다. 그러나 자기사업을 하겠다는 생각만큼은 절대 바꾸지 마라.

실수도 시도해야 할 수 있다

코카콜라의 야심작이던 '뉴코크'의 대실패를 기억하

는가? 그 실패로 뉴코크 전략에 참여한 마케팅 담당자 서지오 지먼(Sergio Zyman)은 실패의 불명예를 안고 사직했다. 이후 그는 7년 동안 컨설턴트 회사를 전전했는데 그가 다시 들어간 회사가 어디인지 아는가? 바로 코카콜라다!

회사에 엄청난 손실을 끼친 그를 다시 불러들인 코카콜라 회장 로베르토 고이주에타(Robert Goizueta)는 그런 결정을 내린 이유를 이렇게 설명했다.

"우리는 실수에 관대하지 않아 경쟁력을 잃었다. 실패를 회피하는 데 급급하면 조직은 무기력해진다. 실수도 시도하는 사람만 할 수 있는 법이다."

대체 무엇을 지키려고 현재에 안주하는 것인가? 만약 당신이 현재 가진 것이 많지 않다면 지금이야말로 도전할 적기다. 잃을 것이 그만큼 적기 때문이다. 무엇에 도전하든 용기를 잃지 않길 바란다.

인류 역사는 영웅들의 실패 이야기로 가득하다. 월트 디즈니는 '그림을 잘 그리지 못한다'는 이유로 실직했다. 헨리 포드는 사업 초기에 파산했다. 그들 역시 실패 앞에서 크게 낙담했을 것이다. 그렇다고 그들에게 미래의 성공을 보여주는 수정구슬이 있었던 것도 아니다.

실패하지 않고 단박에 성공으로 가는 경우는 거의 없다. 역사적인 위대한 인물들 역시 온갖 우여곡절을 겪었다. 인생은 그들에게도 고뇌와 절망, 낙담의 순간을 안겨주었다. 그러나 그들은 실패를 영구적이 아니라 일시적인 후퇴로 받아들였다. 평범함과 비범함의 차이는 바로 그 태도가 만들어낸다.

나는 당신에게 제2의 헨리 포드가 될 자질이 있는지 알지 못한다. 어쩌면 당신은 역사에 발자취를 남기기는커녕 마음의 문을 열 용기조차 없을지도 모른다. 그래도 한 가지 변치 않는 진실은 '결과는 시도해봐야 안다'는 것이다.

3장

늘 열린 마음으로 편견 없이 변화를 대하라.
변화를 기꺼이 받아들이고 사랑하라.
- 데일 카네기(Dale Carnegie), 《카네기 인간관계론》 저자

변화하지 않으면 변화당한다

내 사업 파트너 스티브 프라이스(Steve Price)는 한때 고등학교 교사였다. 어느 날 그와 함께 교육 현실을 두고 얘기하다가 내가 말했다.

"요즘 학생들은 배움에 별로 관심이 없는 것 같아요."

"그 이유를 생각해본 적 있나?"

"글쎄요. 여러 가지 이유가 있겠지요."

"자네의 학창 시절을 한번 돌아보게. 유능하고 헌신적인 교사를 몇 명이나 만났는가? 만약 자네가 운이 좋았다면 아마 서너 명쯤 만났을 걸세."

잠시 내게 생각할 시간을 준 그는 다시 말을 이었다.

"교사 중에는 내가 소위 '매트'라고 부르는 사람이 많다네. 매트란 안전지대에 파묻혀 새로운 시도를 전혀 하지 않는 답답한 부류를 말하지. 그들은 교사직을 세상에서 가장 안정적인 직업이라 믿고 벌이 꿀을 찾아가듯 그 직업을 선택하지."

안전지대에 파묻히기

교사로 재직하던 10년 동안, 프라이스는 매일 같은 장소에서 같은 시간에 같은 동료 교사들과 함께 점심을 먹었다. 동료들 중에는 매트라는 수학교사가 있었는데 그는 메뉴가 어떻게 바뀌든 언제나 흰 빵에 땅콩버터를 바른 샌드위치를 주문했다. 그 이유가 궁금했던 프라이스는 그에게 직접 물어보았다.

"매트, 오늘도 땅콩버터 샌드위치로군. 땅콩버터가 그렇게 좋은가?"

매트는 무표정한 얼굴로 말했다.

"꼭 그런 것은 아니야."

"그럼 단백질을 섭취하려고 그러나? 땅콩버터에 단백질이 잔뜩 들어 있긴 하지."

"그런 생각은 한 번도 해본 적 없어."

"혹시 지금 사정이 좋지 않은가? 땅콩버터 샌드위치는 가격이 싸잖아."

"에이, 가격으로 치면 수프가 더 싸지."

"매트, 자네는 10년 동안 매일 땅콩버터 샌드위치를 먹었어. 그걸 좋아하는 것도 아니고 영양을 생각하는 것도 아니라면서 어떻게 그럴 수 있지? 돈이 부족한 것도 아니고 말이야. 대체 왜 매일 땅콩버터 샌드위치를 먹는 거야!"

마지막 말에서 그는 자신도 모르게 버럭 소리를 지르고 말았다. 매트는 깜짝 놀라 샌드위치를 접시에 내려놓더니 바닥을 한 번 쳐다보고 나서 말했다.

"왜냐하면…, 내가 늘 먹던 거니까."

그는 다시 샌드위치를 집어 들었고 그들의 대화는 거기서 끝이 났다.

늘 하던 것에서 벗어나기

우리 주위에는 매트와 비슷한 사람이 아주 많다. 안전지대에 갇혀 있는 사람, 일상적인 습관에 자신을 맡겨버린 사람도 모두 매트와 비슷한 유형이다. 미국의 사상가 헨리 데이비드 소로(Henry David Thoreau)는 생각 없이 습관적으로 사는 사람, 기계처럼 움직이는 사람을 "조용한 자포자기의 삶을 사는 사람"이라고 정의했다.

누구에게나 자신만의 안전지대가 있게 마련이고 그것 자체에 문제가 있는 것은 아니다. 그렇지만 그 안전지대의 노예로 살아간다면 얘기는 달라진다. 그것은 스스로 자기 목을 조르는 것과 같다.

1984년 올림픽 체조에서 금메달을 목에 건 메리 루 레턴(Mary Lou Retton)은 오늘날 동기부여 연설가로 유명한데, 그녀는 주로 '안전지대에서 벗어나기'를 주제로 연설을 한다.

"많은 사람이 위험한 상황과 실패 가능성을 피해 안전지대라고 여기는 범위를 벗어나지 않는다. 그러나 진정 앞으로 나아가려면 그 안전지대에서 나와야 한다. 새로운 것을 시도하고 그 진행 과정도 살펴봐야 한다. 그것이 잘될지 그렇지 않을지는 시도하기 전에는 결코 알 수 없다."

한 가지 확실한 것은 안전지대에 머무는 한 결코 발전할 수 없다는 사실이다. 안전지대에서 나와 도전하는 것은 확실히 불편하고 불안하지만 그것만이 발전하는 유일한 길이다!

영화 《버블 보이(Bubble Boy)》는 신체 면역체계가 제 기능을 발휘하지 못해 완벽하게 살균된 환경에서 살아야 했던 한 소년의 실화를 바탕으로 만든 것이다. 의사들은 10평방피트(약 0.3평) 공간을 살균 플라스틱 돔으로 덮어 소년이 지낼 공간을 만들었다. 그 안으로 들어가는 것은 모두 멸균 과정을 거쳐야 했다. 사람들은 소년과 대화는 했으나 치명적인 바이러스를 묻혀갈까 두려워 돔 안으로 들어가지는 못했다.

영화가 끝나갈 무렵 소년은 돔 안에서 길게 살지 아니면 삶이 단축되더라도 밖으로 나올지 심각하게 고민한다. 소년은 어느 쪽을 선택했을까? 당신이라면 어떤 선택을 하겠는가?

고통을 피할수록 기쁨도 줄어든다

 소년은 플라스틱 돔의 안전한 생활이 아닌 위험하지만 밖으로 나오는 쪽을 선택했다. 비록 삶이 단축되더라도 진정한 삶을 살려면 돔을 나와야 한다는 것을 알았기 때문이다.
 언젠가 나는 LA 다저스의 매니저 톰 라소다(Tom Lasorda)와 대화하다가 몇 달 전에 그의 아들이 세상을 떠났음을 알게 되었다. 내가 유감을 표하며 애도를 보내자 그가 말했다.
 "버크, 내 아들은 서른세 살이었소. 만약 33년 전에 신이 나타나 내게 서른네 살이 되기 전에 내 아들을 하늘로 데려갈 텐데 그래도 키울지 아니면 사랑하는 아들을 잃으니 아예 처음부터 낳지 않을지 선택하라고 했다면, 나는 주저하지 않고 아들을 달라고 했을 거요. 지난 33년간 아들과 함께한 삶은 그 무엇과도 바꿀 수 없을 만큼 기쁨으로 가득했다오."
 라소다의 얘기는 일반적인 진리를 완벽하게 설명해준다. 인생에서 고통은 피할 수 없으며 고통을 피하려 하면

할수록 인생이 제공하는 기쁨도 그만큼 누리지 못한다.

누에고치에 숨을 것인가, 나비로 날아오를 것인가?

우리가 원하든 원치 않든 기술은 계속 발달하고 있고 변화는 불가피하다. 그런데 안타깝게도 많은 사람이 현실을 직시하는 대신 도피하려 한다. 미래학자 페이스 팝콘(Faith Popcorn)은 이들을 '코쿠닝족(Cocooning: 예측 불가능한 현실에서 도피해 누에고치[Cocoon]처럼 편안한 안식처를 찾는 사람들)'이라고 불렀다.

누에고치 안은 편안하고 안전하며 따뜻하다. 만약 변화를 거부하고 영원히 번데기로 안주하는 것과 변화를 받아들여 아름다운 나비로 성장하는 것 중에서 하나를 선택하라면 무엇을 택하겠는가?

여기서 우리는 영국의 소설가 올더스 헉슬리(Aldous Huxley)의 말을 기억할 필요가 있다.

"사실을 무시한다고 그 사실이 바뀌는 것은 아니다."

우리 앞에 놓인 사실은 기술이 모든 것을 아주 빠르게

바꿔놓고 있다는 점이다. 실제로 이 시대를 살아가는 사람들처럼 급격한 변화를 맛본 인류는 없다. 삐삐, 벽돌만 한 휴대전화, 폴더폰 그리고 스마트폰의 발달 과정을 생각해 보라. 더구나 태어나자마자 휴대전화를 잡는다는 말이 있을 정도로 어린아이부터 고령의 노인까지 거의 모두가 휴대전화를 쓰고 있다.

지금 이 순간에도 지구촌 구석구석에서 변화가 일어나고 있다. 즉, 당신은 변화의 한가운데에서 살아가고 있다. 변화는 거부할 수도, 무시할 수도, 피할 수도 없다. 변화 그 자체는 사람에게 좋은 일이나 나쁜 일을 유발하지 않는다. 다만 변화를 대하는 사람들의 자세에 따라 좋은 결과 혹은 나쁜 결과가 만들어질 뿐이다.

사라져버린 일자리

담배 제조업으로 유명한 플로리다 탬파(Tampa) 만의 사례는 변화에 대응하는 자세와 관련해 우리에게 커다란 교훈을 준다. 탬파 만에 위치한 이보(Ybor) 시는 1920년대에

60개가 넘는 궐련 공장의 중심지였는데, 이곳에서는 수천 명의 이민자가 하루에 10시간씩 수작업으로 궐련을 말았다. 근로자들은 해마다 1억 개비 이상의 궐련을 생산해 주당 20달러를 벌었고 당시 이것은 꽤 괜찮은 수입이었다.

그러나 그 행복한 시간은 제2차 세계대전 이후 서서히 막이 내리기 시작했다. 궐련 공장 사장들이 시간과 경비를 절감하기 위해 생산 공정을 기계화했기 때문이다. 더구나 기계는 임금 인상을 요구하며 파업을 하지 않았고 아프다고 병가를 내지도 않았다.

여기에 더해 궐련 소비가 줄어들면서 이보 시에는 점점 변화의 바람이 몰아닥쳤다. 궐련을 마는 것밖에 모르는 수많은 사람이 실업자로 전락했고 수입이 끊긴 가정은 경제적 고통에 시달렸다. 그러자 여성들이 생활전선에 나서기 시작했고 심지어 남자들이 술에 빠져들면서 가족이 흩어지는 경우도 있었다. 결국 이보 시는 10년 만에 최대 호황을 누리던 도시에서 유령 도시로 바뀌고 말았다.

능동적 반응과 수동적 반응

변화는 그것을 예측하지 못한 사람이나 받아들이지 않는 사람에게 파괴적일 수 있다. 이보 시에서는 기계화에 불만을 토로하고 잘나가던 과거를 그리워한, 즉 변화에 수동적으로 반응한 사람들이 가장 큰 고통을 겪었다. 그러면 전쟁터에서 돌아와 변화의 바람이 불고 있음을 감지한 사람들은 어땠을까? 그들도 저임금에 장래성이 없는 직업을 잃고 고통을 겪었을까? 아니면 안전지대가 아닌 새로운 산업에서 기회를 찾아 오히려 상황이 좋아졌을까?

변화에 능동적으로 대처한 사람들은 덥고 냄새 나는 공장에서 하루에 10시간씩 중노동을 하는 상황에서 벗어나는 것을 오히려 행운으로 받아들였다. 어떤 사람은 대학에 진학했고 졸업과 동시에 새롭게 번영하는 산업 현장으로 들어갔다. 또 어떤 사람은 빠른 속도로 발달하는 전화 회사, 공공사업체, 생산업체에서 좋은 조건의 직업을 구했다. 일부는 수공 기술을 배워 목수나 배관공으로 나섰고 또 일부는 식당, 잡화상, 꽃가게, 의류점 등 소규모 점포를

냈다.

이들에게 변화는 신선한 활력이자 옷에 밴 퀴퀴한 담배 냄새를 날려버릴 절호의 기회였다. 당신의 인생을 돌아보고 이런 질문을 해보라. 과거를 청산하고 새로운 인생을 시작하는 게 어떨까?

변화를 사랑하라

경영 컨설턴트 톰 피터스(Tom Peters)는 자신의 저서 《초우량 기업의 조건(In Search of Excellence)》에서 이렇게 말했다.

"변화는 혼란을 불러일으키지만 다른 선택의 여지는 없다. 오늘날 유일한 생존법은 변화를 사랑하는 법을 배우는 것뿐이다."

세상에서 유일하게 변하지 않는 것은 '모든 것은 변화한다'는 사실뿐이다. 이것은 스티븐 코비(Stephen Covey)가 《성공하는 사람들의 7가지 습관(Seven Habits of Highly Effective People)》에서 인용한 이야기와 같다.

캄캄한 밤에 거대한 전투함이 바다를 항해하고 있었다. 그때 야간경비병의 눈에 저 멀리 불빛이 반짝이는 것이 보였고 그는 곧바로 선장에게 보고했다. 선장은 즉시 신호를 보냈다.

"항해 경로를 10도 남쪽으로 변경하라."

몇 분 뒤 상대에게 응답이 왔다.

"당신이 방향을 10도 북쪽으로 변경하시오."

당황한 선장은 다시 말했다.

"나는 선장이다. 경로를 남쪽으로 바꿔라."

5분 뒤 응답이 왔다.

"나는 일등 선원이오. 그쪽의 경로를 북쪽으로 바꾸시오."

화가 난 선장은 마지막 경고임을 알리며 큰 소리로 외쳤다.

"너희가 경로를 바꿔라. 우리는 전투함이라는 사실을 기억하라!"

잠시 후 짤막한 응답이 왔다.

"경로를 바꾸시오. 여기는 등대요!"

기술은 등대와 같다. 그런 기술에게 우리가 늘 항해하던 대로 나아가도록 경로를 바꾸라고 하는 것은 무모한 일이다. 만약 당신이 전투함의 선장이라면 어떻게 하겠는가? 항해 경로를 바꾸겠는가, 아니면 그대로 나아가겠는가?

우리는 모두 자기 삶의 선장이다. 우리에게는 경로를 바꿔 생존과 성공을 담보하는 길과 기존 경로를 고집해 재앙 속에 빠져드는 길 중에서 하나를 택할 수 있는 선택권이 있다. 《인생의 작은 지침서(Life's Little Instruction Book)》의 저자 잭슨 브라운 주니어의 말을 기억하라.

"자신을 바꿀 수 있는 능력을 과소평가하지 마라. 자신의 능력으로 세상을 바꿀 수 있다고 과대평가하지도 마라."

4장

기회가 당신의 손 안에 굴러 들어올 수도 있다.
당신이 기회가 떨어지는 곳에서
손을 벌리고 있다면 말이다.
- 작자 미상

운명은 기회가 아니라 선택이 결정한다

에이브러햄 링컨은 평생 감당하기 어려운 고통을 여러 번 겪었다. 그는 집이 가난해 일곱 살 때부터 하루 10시간의 노동을 해야 했는데 그 상황은 어른이 되어서도 그다지 나아지지 않았다.

그의 일생은 그야말로 파란만장했다.

스물두 살에 사업에 실패했다.

스물네 살에 다시 한 번 사업에 실패했다.

스물여섯 살에 사랑하는 약혼녀가 세상을 떠났다.

스물일곱 살에 신경질환으로 고생했다.

스물아홉 살, 서른한 살, 마흔세 살, 마흔여섯 살, 마흔

일곱 살에 많은 선거에서 실패했다.

대통령이 된 이후에도 그의 고통은 끊이지 않았다. 정치적으로는 힘겹게 남북전쟁을 치렀고, 결혼생활은 낭비벽이 심한 아내 때문에 파산을 걱정할 만큼 불행했으며, 가장 사랑하던 셋째아들 윌리가 열 살도 채 되기 전에 세상을 떠났다.

그렇지만 링컨은 고통과 좌절 속에서도 주변 사람들과 일상생활에서 일어난 재미있는 이야기를 주고받으며 늘 쾌활하게 생활했다. 누군가가 그 비결을 묻자 그는 이렇게 대답했다.

"지금까지 살면서 제가 배운 것 중 하나는 사람은 스스로 행복하다고 느끼는 만큼 행복해질 수 있다는 것입니다."

똑같은 상황, 서로 다른 선택

링컨은 행복과 불행, 성공과 실패를 결정하는 것은 처한 상황이 아니라 그 상황에 대처하는 선택임을 알았다. 예를 들어 교통체증을 생각해보자.

도로가 꽉 막히면 어떤 운전자는 경적을 울리거나 소리를 지르며 짜증을 낸다. 반면 어떤 운전자는 음악이나 강연 CD를 들으며 차분히 기다린다. 교통체증으로 움직이지 못하는 시간을 불평과 푸념을 늘어놓으며 날려버리는 것이 아니라, 배우고 발전하는 기회로 이용하는 것이다.

얼마 전 나는 기상 악화로 항공기가 결항하면서 공항에서 발이 묶였다. 그때 내 옆에 있던 남자가 항공사와 그 직원들에게 욕을 퍼부으며 씩씩거렸다. 어찌나 성질을 부리던지 다음 비행기에 오를 시간이 되었을 무렵 그는 얼굴이 벌겋게 달아올랐다. 분명 혈압이 평균치를 훨씬 웃돌았을 것이다.

나는 의자에 앉아 머릿속에 맴도는 여러 가지 아이디어를 기록하고 있었다. 그리고 그 메모는 나중에 이 책을 구성하는 틀이 되었다.

계획을 세운다는 것

신은 우리에게 자기 길을 선택할 자유 의지를 주셨다.

동시에 신에게는 신의 계획이 있는데 그 계획과 우리의 선택은 일치할 수도 있고 그렇지 않을 수도 있다. 나는 내가 지나치게 자만한다는 생각이 들 때면 언젠가 설교에서 들은 농담을 떠올린다.

"신을 웃기고 싶은가? 그렇다면 당신의 계획을 신에게 말해보라."

우리가 선택할 수 있는 것과 이미 정해진 운명은 다르다. 가령 태풍이 몰아치거나 지진이 일어나 아수라장이 되면 우리는 그 사실을 분명히 깨닫는다. 하루가 24시간이라는 것, 해가 뜨고 지는 것, 인간의 수명에는 한계가 있다는 것 등 수백만 가지의 일이 우리의 선택권 밖에서 일어난다.

우리에게 선택권이 없는 문제는 차라리 걱정하지 않는 편이 더 현명하지 않을까? 물론 이러한 문제에 우리가 어떻게 대응할지는 우리의 선택에 달려 있다.

언젠가 태풍이 거세게 몰아칠 때 해변에 있는 자기 집에 그대로 머물겠다는 선택을 한 부부가 있었다. 나행히 그들은 살아남았지만 거대한 자연의 힘에 두려움과 경외

심을 보였다. 장담하건대 다음에 태풍주의보가 발효되면 아마도 그들이 가장 먼저 대피할 것이다.

'운명은 기회가 아니라 선택이 결정한다'는 말은 우리가 매일 내리는 수백 가지의 선택과 그 선택이 인생에 미치는 영향을 의미한다.

인생과 선택

크든 작든 선택은 일정한 결과를 가져온다. 하다못해 아침에 토스트와 콘플레이크 중 어느 것을 먹을지 선택하는 것처럼 하찮은 일도 오래 지속되면 결과에 큰 영향을 미친다. 그 대표적인 예가 흡연이다.

평생 담배 한 개비만 피울 것을 선택하면 그 결과는 아주 작다. 하지만 30년 동안 매일 담배 한 갑을 피우는 쪽을 선택한다면 그 결과는 폐암이나 치명적인 심장마비처럼 굉장히 클 수 있다.

당신은 당신의 선택이 결정한다. 내 어머니는 늘 "네가 누구와 만나고 있는지 말해주면 네가 어떤 사람인지 말해주겠다"라고 하셨는데 그 말씀은 옳다.

당신은 뚱뚱하길 원하는가, 날씬하길 원하는가?

당신은 적극적인 태도로 일하겠는가, 소극적인 태도로 일하겠는가?

당신은 도움을 주는 친구를 사귀겠는가, 해를 끼치는 친구를 사귀겠는가?

당신은 남 밑에서 남을 위해 일하겠는가, 자기사업으로 자신을 위해 일하겠는가?

모든 선택은 스스로 결정한다. 그 선택은 마치 은행에 예금을 하는 것과 같다. 시간이 흐르면서 누적된 그 모든 예금은 결국 당신의 라이프스타일을 결정한다.

자유를 선택하라

소설가 루이 라무르(Louis L'Amour)는 선택에 따라 달라지는 운명을 다음과 같이 요약했다.

한 사람의 일생에서 환경, 유전적 요소, 변동 및 변화는 일정 부분 영향을 미친다. 그러다가 어느 순간 자신의 능력으로 원하는 삶을 빚어야 하는 때가 온다. 이때 나약한 사람은 부모, 시대, 불운, 운명을 탓한다. 우리 모두에게는 '나는 오늘 이런 사람이지만 내일은 달라질 것이다'라고 말할 수 있는 능력이 숨어 있다.

선택은 결과를 낳으므로 좋은 선택을 하면 당신은 성공할 수 있다. 반대로 형편없는 선택을 하면 고통을 받는다. 인생은 뿌린 대로 거두는 법이다.

선택할 수 있는 당신의 능력을 존중하라. 그 능력을 믿고 또 갈고닦아 실천하라. 당신은 좋은 부모, 좋은 배우자가 될 수 있다. 당신은 건강하고 긍정적이며 개방적일 수 있다.

무엇보다 당신은 자유를 선택할 수 있다. '고용'이라는 개념에서 탈피해 당신의 시간을 자유롭게 활용하라. 업무 평가서에 능력 있는 사람으로 기록되기보다 스스로 가치 있다고 여기는 것에 도전하는 자유를 선택하라.

알고 있는 것 행동으로 옮기기

 17세기에 영국에서 살았던 보통 사람이 평생 마주친 사건보다 오늘날 《뉴욕 타임스》 한 부에 더 많은 정보가 들어 있다는 사실을 아는가? 물론 많은 정보를 아는 것은 그리 중요하지 않다. 문제는 아는 것을 어떻게 행동으로 옮길 것인가에 있다.

 1504년 긴 항해로 생필품이 바닥나는 바람에 신선한 음식과 물을 애타게 찾던 콜럼버스 일행이 자메이카의 한 해변에 이르렀다. 그런데 원주민들은 콜럼버스 일행의 요구를 거절했다. 콜럼버스는 원주민에게 사정도 하고 위협도 가해 보았지만 아무 소용이 없었다. 섬에는 무장한 원주민이 많아 섣불리 무력을 쓸 수도 없었다.

 그 절망적인 상황에서 항해사의 책력을 살펴보던 콜럼버스는 기막힌 정보를 하나 알아냈다. 며칠 내로 월식이 있을 거라는 정보였다. 그 순간 멋진 아이디어를 떠올린 콜럼버스는 월식이 일어날 날에 자메이카 족장들과의 노임을 주선했다. 그는 만약 자신과의 물물교환을 거절하면 그날 밤에 달을 없애는 마법을 쓸 수밖에 없다고 경고했다. 그다음 날에는 해가 그 마을에 떨어져 마을을 불태우게 할 것이라고 협박했다.

자메이카 원주민들은 그를 비웃었고 말도 안 되는 얘기라며 무시했다. 하지만 월식이 시작되면서 달이 조금씩 사라지자 원주민들은 놀라 동요하기 시작했다. 결국 공포에 질린 원주민들은 콜럼버스에게 달려왔고, 콜럼버스는 신선한 생필품을 가져오면 달을 꺼내주겠다고 말했다. 즉시 생필품을 가져온 원주민들은 콜럼버스가 약속한 대로 달이 다시 나타나자 놀라움에 숨을 죽였다.

올바른 선택

만약 콜럼버스에게 월식 정보가 없었거나 정보가 있어도 활용하지 않았다면 어떤 일이 일어났을까? 어쩌면 역사가 바뀌었을지도 모른다.

정보 그 자체는 꺼져 있는 전등 스위치와 같다. 그 전등을 켜려면 행동해야 한다. 한 가지 분명한 사실은 어떤 선택이든 그것은 당신에게 달려 있다는 점이다. 전등 스위치를 켤지, 이 책을 다 읽을지, 직장생활에서 벗어나 독립할지 등의 선택은 온전히 당신의 몫이다.

   이 책의 나머지 정보가 당신이 올바른 선택을 하도록 도움을 줄 것이다.

You Can't Steal Second With Your Foot On First!

II
돈 없이 살기 힘든 세상에서 파산한다는 것

파산은 현실이다
파산하는 것과 가난해지는 것
당신은 피해자인가, 승리자인가?
직장이 안정적이라는 것은 옛말이다

5장

우리는 우물이 마르면 그제야
물의 가치를 깨닫는다.
— 벤저민 프랭클린(Benjamin Franklin)

파산은 현실이다

나는 한때 모든 것을 날리고 파산했다. 영화 《포레스트 검프》에서 주인공이 "바보가 되는 것은 초콜릿처럼 달콤한 게 아니다"라고 말한 것에 비유해 나는 '파산이라는 상자에는 초콜릿이 들어 있지 않다'라고 말하고 싶다. 파산은 청구서로 가득 찬 상자다!

당신도 한번 내 입장에서 생각해보라. 두 살짜리 아들과 임신한 아내가 있는데 파산해서 20만 달러의 빚을 떠안았다면 심정이 어떻겠는가? 당시 나는 잠을 이룰 수가 없었다.

우리는 방 한 칸짜리 임대 아파트로 들어갔고 고물차를

몰았다. 얼마나 돈이 없었던지 아내가 임신한 상태였는데도 한 달 150달러의 의료보험료조차 낼 수 없었다.

청구서로 가득 찬 구두상자

돈도 없고 일은 풀리지 않는데 둘째아들 네이던이 출산예정일보다 몇 주 앞서 태어났다. 너무 일찍 태어난 네이던은 병원에서 한 달 동안 특수 치료를 받아야 했다.

병원 치료를 마친 아내와 네이던이 퇴원한 후 우리는 몇 주 동안 끔찍한 일을 겪었다. 그것은 네이던의 건강 때문이 아니었다. 사실 네이던은 건강했고 아무런 문제도 일으키지 않았다.

우리를 두렵게 한 것은 빚더미였다. 병원비를 비롯해 온갖 청구서가 계속해서 날아들었고 나는 그것을 구두상자에 넣어두었다. 정신을 차릴 수 없을 정도로 몰려든 청구서는 첫 번째 상자를 넘어 두 번째 상자까지 채우기 시작했다.

실패한 휴대전화 대리점을 정리하고 채권자들과 힘겹

게 씨름을 하느라 한 달 150달러의 의료보험료도 내지 못하는 그 상황은 그야말로 지옥 같았다. 빚에 짓눌려 숨을 쉬는 것조차 힘들었다. 어쨌든 나는 훗날 새로운 사업에 성공해 그 많은 빚을 다 갚았다.

파산이란

파산이란 매달 돌아오는 카드대금의 극히 일부만 갚는 것이다.

파산이란 할부금이 버거워 구입하는 대신 빌려 쓰는 것이다.

파산이란 극장에 가는 대신 한동안 기다렸다가 집에서 영화를 보는 것이다.

파산이란 꼭 가고 싶은 휴가를 내년으로 미루는 것이다.

파산이란 집세를 걱정하며 뜬눈으로 밤을 지새우는 것이다.

나는 파산의 가장 완벽한 정의는 이것이라고 생각한다.

"파산이란 빚을 늘려갈지 아니면 몽땅 갚을지 중에서 하나를 선택하는 것이다."

돈 먹는 하마, 신용카드 빚

손쉬운 신용거래는 파산 유행병을 널리 퍼뜨린 강력한 바이러스다. 그 전염성 강한 바이러스는 우리의 삶을 엄청나게 바꿔놓았다.

과거에 우리는 무언가를 사려면 그것을 살 만큼 돈을 모을 때까지 열심히 일했다. 이를 두고 심리학자들은 '지연된 만족'이라고 하는데, 우리는 원하는 것을 사려고 몇 달이나 몇 년을 참았다. 그리고 대개는 무리해서 물건을 구입하지 않아도 그럭저럭 생활할 수 있었다. 한마디로 분수에 맞는 생활을 했다.

그러다가 신용카드가 등장하면서 '모아서 나중에 사자'가 아니라 '먼저 사고 나중에 지불하자'는 소비 방식이 일상화하기 시작했다. 누구나 신용카드만 내밀면 낭장 원하는 물건을 손에 넣고, 열심히 일해 나중에 값을 지불할 수 있었다.

사람들은 가뭄에 물을 만난 물고기처럼 신용카드를 받아들였다. 욕구를 즉각 충족시킬 수 있다니, 이 얼마나 훌륭한 시스템인가? 오늘날 우리는 거의 모든 상품 및 서비스 비용을 신용카드로 지불한다. 그러면서 점점 많은 사람이 분에 넘치는 생활을 하고 있다. 자신의 수입을 초과해 지출하는 것이다. 카드만 긁으면 쉽게 물건을 손에 넣을 수 있으니 얼마나 간단한가! 우리는 "유혹을 없애려면 유혹에 따르는 수밖에 없다"라는 오스카 와일드의 말을 철저히 실천하는 셈이다. 그러니 파산하는 게 당연하다!

물론 매달 신용카드대금을 별 무리 없이 지불하고 있다면 문제될 것은 없다. 하지만 현실은 그렇지 않다. 사람들은 최소한의 돈만 갚거나 심지어 돌려막기도 불사하고 있다.

그렇다고 모두가 현금으로 지불하며 살아야 한다는 것은 아니다. 내가 하고 싶은 말은 손쉬운 신용 거래는 벨벳 베개와 같아서 어떻게 사용하느냐에 따라 우리를 편안하게 해주기도 하지만 질식시킬 수도 있다는 사실이다. 어쩌면 당신은 지금 벨벳 베개 속으로 가라앉고 있을지도 모른다.

당신은 노후를 안정적으로 대비하고 있는가? 당신의 통장 잔고는 어느 정도인가?

파산의 영향

그렇다고 돈이 행복의 열쇠라는 말은 아니다 하지만 돈이 많을수록 행복의 열쇠를 만들기가 쉽다. 파산이 우리에게 어떤 영향을 미치는지 생각해본 적 있는가? 그것은 단순히 나쁜 정도가 아니라 아주 지독하다!

파산하면 일단 스트레스가 쌓이고 배우자와의 말다툼이 늘어나며 심지어 건강을 잃고 만다. 여기에다 절망, 분노, 걱정, 두려움 등 말로 표현하기 힘든 고통이 극심해진다.

'거인 제이크' 이야기를 들어본 적 있는가? 나는 돈 문제로 고통스러워하는 사람들을 볼 때마다 그 이야기가 생각난다.

어느 세일즈맨이 힘든 하루를 보내고 갈증을 달래기 위해 동네의 작은 술집에 들렀다. 그가 막 술 한 잔을 마시려는 순간 공포에 질린 한 남자가 뛰어 들어와 외쳤다.

"살고 싶으면 모두 도망가. 거인 제이크가 온다!"

너무 당황스러웠던 세일즈맨은 그 자리에 못 박힌 듯 서 있었다. 사람들이 모두 흩어지고 나자 쿵 하는 소리와 함께 문짝이 나가떨어지더니 덩치 큰 사람이 안으로 들어섰다. 의자와 탁자를 거칠게 내던진 그는 세일즈맨의 멱살을 움켜쥐고 외쳤다.

"당장 술을 가져와!"

겁에 질린 세일즈맨은 곧바로 위스키를 가져다 잔에 따라주었다. 단숨에 잔을 비운 거인은 아예 병째 들고 마시기 시작했다. 공포에 떨고 있던 세일즈맨이 간신히 더듬거리며 물었다.

"더 가져올까요?"

거인이 으르렁거리듯 중얼거렸다.

"아냐. 나도 곧 도망가야 해. 못 들었어? 거인 제이크가 온다잖아!"

파산하면 눈앞의 걱정거리 때문에 더 나빠질 것이 없어 보인다. 그런데 거인 제이크는 아직 도착하지도 않았다! 살다 보면 좋든 싫든 비바람을 맞는 때가 있다. 그것이 인생이다. 그러나 돈이 있으면 지붕을 고치거나 새 우산을 살 수 있으므로 비를 피하기가 훨씬 쉽다. 코미디언 제리 루이스(Jerry Lewis)는 이런 말을 했다.

"돈으로 살 수 없는 것이 하나 있는데, 그것은 바로 가난이다."

다행히 파산은 일시적이다

파산 그 자체는 부끄러운 일이 아니다. 부끄러운 것은 파산 상태에 머물거나 파산을 그대로 받아들여 주저앉는 것이다. 당신이 마음만 먹는다면 파산은 얼마든지 극복할 수 있다. 파산은 일시적인 현상이기 때문이다. 당신 스스로 인정하지 않는 한, 즉 당신이 주저앉지 않는 한 파산은 사형선고가 아니다.

파산 상태가 지긋지긋한가? 자신의 처지가 너무 불쌍

하고 한심한가? 내가 파산과 가난의 커다란 차이를 말해주겠다. 다음의 질문에 대답하기만 하면 당신은 그 차이를 이해할 수 있다.

파산 상태에서 벗어날 희망이 전혀 보이지 않을 때 어떤 느낌이 드는가? 아마 절망과 슬픔만 느껴질 것이다. 지금도 그렇고 미래에도 파산 상태일 수밖에 없으면 영원한 빈곤 상태에 빠져버리고 만다. 변함없이 지속되는 가난은 우리를 질리게 한다.

나는 '가난'이 어떤 것인지 충분히 겪었기에 그것을 잘 이해한다. 열네 살 때 미국으로 이민 오기 전까지 나는 자메이카와 에콰도르에서 처절하고도 극심한 가난을 목격했다. 그것이 얼마나 힘든 삶인지 잘 알기에 나는 아무리 최악의 적을 만나도 가난으로 악담할 생각이 없다.

당신에게는 선택할 자유가 있다. 파산 상태에서 벗어나겠다는 선택을 하라. "신발이 없어서 아쉬워하고 있을 때 발이 없는 사람을 보았다"라는 말을 기억하기 바란다. 돈이 없어서 새 신을 살 수 없다고 한탄하기 전에 가난이 어떻게 사람들의 발목을 잘라내는지 살펴봐야 한다.

돈 몇 푼과 삶을 맞바꿔서 얻은 것은 결국 절망뿐
이다. 차라리 삶에 내 몫을 요구했다면
삶은 아마 그것을 지불했을 것이다.
- 작자 미상

파산하는 것과 가난해지는 것

뛰어난 사회비평가 마셜 맥루언(Marshall McLuhan)은 어떤 것에 지나치게 가까이 다가가면 그것을 있는 그대로 바라보는 능력을 상실한다는 것을 경험으로 배웠다.

"물고기에게 물이 무엇인지 물어보지 마라."

이 말은 우리에게도 적용된다. 신문과 TV 뉴스는 온통 해고나 극심한 취업난 기사로 가득하지만, 물고기 주변에 물이 가득하듯 우리 주위는 기회로 가득하다.

모든 것은 상대적이다

우리의 일상생활을 곰곰이 뜯어보면 식생활에 드는 비

용은 경제의 5퍼센트에 지나지 않는다. 나머지 95퍼센트는 필수품이 아닌 상품과 서비스로 이루어져 있다. 그것도 대개는 10여 년 전만 해도 존재하지 않던 것들이다.

가령 살아남는 데 새 차와 TV가 꼭 필요한 것일까? 사실은 그렇지 않지만 우리는 각자 차를 한 대씩 갖고 싶어 하고 가정마다 TV를 두 대 이상 보유하고 있다. 값비싼 식사와 머리손질, 운동화 비용도 먹고사는 데 꼭 필요한 것은 아니지만 우리는 기꺼이 돈을 지불한다.

그렇다고 가난한 사람이 전혀 없다는 것은 아니지만 그것은 절대적 빈곤이 아니라 상대적 빈곤이다. 우리는 소말리아와 달리 최소한 굶어죽을 걱정은 하지 않는다.

- 우리 주위에도 지하철역에서 신문지를 덮고 자는 사람이 있는가? 물론 있다.

- 밤마다 주린 배를 움켜쥐고 잠드는 어린이가 있는가? 안타깝게도 그렇다.

- 물도 전기도 들어오지 않는 건물에서 가족이 모여 사는 가정이 있는가? 그렇다.

이처럼 슬픈 상황도 분명 존재한다. 그것은 비극적이긴

하지만 그렇다고 절망적인 것은 아니다. 파산은 괜찮다. 상대적 빈곤도 괜찮다. 그러나 절대적 빈곤은 결코 안 된다.

절대적 빈곤이 무엇인지 아는가? 아이티의 매년 평균 소득은 250달러다. 1년에 250달러밖에 안 된다! 그렇다면 다음 해에는 600달러, 그다음 해에는 1,000달러로 뛰어오를까? 그럴 가능성은 거의 없다. 그것이 바로 절대적 빈곤이다.

내가 겪어본 가난

어린 시절 나는 절대적 빈곤에 시달리는 환경에서 자랐다. 당시 에콰도르에서는 총 인구 중 절반이 절대적 빈곤 속에서 살았다. 수백만 명이 거의 매일 밤을 굶주린 채 잠이 들었다. 그래도 우리는 형편이 나은 편이었다. 내 아버지는 거의 빈손으로 쿠바를 탈출했으나 평균 이상의 생활을 유지하도록 열심히 노력했다.

당시 나는 에콰도르 농장의 노동자 아이들과 놀았다.

그 아이들은 전기도 없고 물도 나오지 않는 나무판자 집에서 살았다. 난방시설은커녕 난로도 없는 그 집에는 파리가 사방에 우글거렸다. 사실 도시의 80퍼센트 이상이 나무판자 집이었다. 그들에게 가난은 부끄러워할 일도 부정할 대상도 아니었다. 그저 무자비하고 끝없는 절대적 빈곤일 뿐이었다.

그중 극소수의 운 좋은 사람만 가난에서 벗어난다. 백만 명의 소년 중 축구스타로 성장하는 아이가 한 명쯤은 있고, 백만 명의 예쁜 소녀 중 부자와 결혼하는 여자아이도 한 명 정도는 있으니 말이다. 그렇지만 대다수는 가난하게 살다가 가난하게 세상을 떠난다.

반면 미국이 말하는 빈곤은 다른 나라의 빈곤과는 차원이 다르다. 물론 그들이 가난하다고 생각하면 가난한 것이지만, 현실적으로 그들은 이미 많은 것을 소유하고 있다. 무엇보다 그들은 마음만 먹으면 얼마든지 빈곤 상태에서 벗어날 수 있다.

영구적인 가난과 일시적인 파산

나는 아내 데비와 정신이 멍해지도록 빚에 시달리고 방 한 칸짜리 아파트에 고물 자동차를 몰며, 건강보험료조차 낼 수 없던 고통의 시절을 결코 잊지 못한다. 당시 우린 파산했다. 그렇다고 영원히 가난하게 살아야 하는 것은 아니다. 나는 돈을 벌어 빚을 갚고 행복을 되찾을 날이 꼭 올 것이라고 믿었다.

설령 당신이 경기 침체기를 겪고 있을지라도 에콰도르, 아이티, 르완다, 러시아에 사는 대부분의 사람들보다는 나을 것이다. 그런 나라에서 절대적 빈곤은 예외 없는 법칙이다.

제3세계의 가난한 사람들에게는 보다 나은 생활을 할 수 있는 기회가 얼마나 주어질까? 거의 없거나 아예 없다. 반면 우리에게는 기회가 가득하다. 우리 주위에는 기회가 널려 있다. 물론 그것은 공짜로 주어지는 것이 아니라 얻고자 노력해야 얻는다. 마찬가지로 자유기업은 당신에게 부를 냉큼 안겨주지 않는다. 단, 부를 추구할 권리는 확실하게 준다.

먼저 자신을 돌아보라

암웨이의 공동창업자 리치 디보스(Rich DeVos)의 저서 《믿음, 그 위대한 힘》에 보면 이런 이야기가 나온다.

한 남자가 부동산중개인에게 집을 팔아달라고 부탁했다. 부동산중개인은 그 집을 여기저기 살펴본 뒤 집주인에게 일요일자 신문에 광고를 내겠다고 말했다. 광고가 나온 그 일요일, 집주인은 신문을 훑어보다가 이런 광고를 읽었다.

> 깔끔한 방 네 개와 욕조 세 개가 있고 1에이커
> (약 1,220평) 정도의 멋진 정원이 있는 집입니다.
> 학교와 쇼핑센터가 걸어서 다닐 수 있는
> 거리에 있으며 넓은 수영장과 여러 가지 시설을
> 갖추고 있습니다. 직접 보고 확인하십시오.
> 기회를 잡으려면 전화해주십시오!

집주인은 즉각 부동산중개인에게 전화를 걸어 이렇게 외쳤다.

"지금 당장 광고를 취소해주십시오!"

"아니, 광고에 무슨 문제라도 있습니까?"

깜짝 놀란 부동산중개인이 물었다.

"아니오. 당신의 광고를 읽다가 이 집이 내가 늘 꿈에 그리던 집이라는 걸 깨달았어요."

당신이 이미 훌륭한 조건을 갖추고 있지 않은지 돌아보라.

기회의 홍수

나는 정치인이나 노동조합 간부들이 일자리를 더 만들어야 한다고 주장할 때마다 큰 소리로 외치고 싶다.

"가망 없는 산업을 지원해 일자리가 줄어들지 않게 하는 것은 마치 나무에 낙엽을 붙여 여름을 붙잡으려 하는 것과 같다. 그것은 임시방편에 지나지 않는다!"

계속 해서 안정적인 직장만 구하려 하면 실업률은 줄어들지 않는다. 현실을 직시하라. 안정적인 직장은 더 이상 존재하지 않는다. 실업률을 줄이려면 직장인이 아니라 자기사업을 하는 사람이 늘어나야 한다. 그렇다고 일자리가 있는 모든 사람이 당장 사표를 내고 사업을 해야 한다는 의미는 아니다. 확신이나 야망, 열망이 부족해 자기사업에 적합지 않은 사람도 있게 마련이다.

사실 자유기업체제에서 직장은 매우 중요한 역할을 한다. 나는 성공한 사업가 중 다른 사람 밑에서 일한 경험이 없는 사람을 본 적이 없다. 그러나 직장은 종착역이 아니다. 직장은 그저 고용주가 시키는 대로 일하는 단계에서 직접 고용주가 되는 단계로 오르는 데 필요한 계단과 같다. 야망이 있는 직장인에게 직장은 유급 인턴기간이다. 이것은 돈을 받으며 학교를 다니는 것과 마찬가지다.

직장일은 그 일을 하는 사람의 능력에 달려 있다. 당신이 직장에서 일을 잘해내면 직장 그 자체가 아니라 당신이 시장에서 가치를 지닌다. 그러므로 직장인은 열심히 일하는 동시에 기회를 노려야 한다. 직장인은 어느 성공한 기업가의 말을 잘 새겨둘 필요가 있다.

"어떤 직장에도 미래는 없다. 미래는 바로 사람에게 있다."

7장

> 과녁을 맞히지 못한 궁수는
> 그 원인을 자기 안에서 찾는다.
> 화살이 빗나간 원인은 과녁 탓이 아니다.
> 제대로 맞히려면 자신의 능력을 계발해야 한다.
> – 길버트 알랜드(Gilbert Arland)

당신은 피해자인가, 승리자인가?

한번은 현대인의 특성을 잘 보여주는 어느 광고판을 보고 깊이 공감한 적이 있다. 그 광고판에는 다섯 명의 아기가 나란히 앉아 울고 있었는데, 모두들 손가락으로 자기 옆에 있는 아기를 가리켰다. 그 옆의 설명이 내 마음을 사로잡았다.

> "이것이 바로 우리다.
> 언제나 다른 사람 탓이라고 한다!"

나는 그 광고를 좀 더 오래하라고 기부라도 하고 싶은

심정이었다. 우리 주변은 스스로를 피해자라고 여기는 사람들로 넘쳐난다. 나는 이들을 '자발적 피해자'라고 부른다.

자발적 피해자

자발적으로 피해의식에 사로잡힌 사람들은 다음과 같이 호소한다.

"나를 불쌍히 여기세요. 나는 피해자입니다.
세상은 내 생계를 책임져야 합니다."

언젠가 만화 《피너츠》에서 이런 내용을 본 적이 있다.
스누피가 처량하게 비를 맞으며 혼자 중얼거리고 서 있다.
"세상에 비를 맞고 있는 강아지보다 더 불쌍한 것은 없어."
그때 우산을 쓰고 지나가던 루시가 스누피를 보고 말한

다.

"비를 피할 생각을 하지 않는 바보 같은 강아지보다 더 불쌍한 것은 없어."

마지막 그림에서 여전히 혼자 비를 맞고 서 있는 스누피가 말한다.

"어쨌든 난 불쌍해."

필라델피아의 임상심리학자 마리온 루딘 프랭크(Marion Rudin Frank)는 습관적으로 불평을 늘어놓는 사람의 문제점을 날카롭게 지적하고 있다.

"습관적으로 불평하는 사람은 자기 운명을 끝없이 한탄하면서 스스로를 피해자로 만든다. 그런 행동은 결국 자신을 망칠 뿐인데도 말이다."

더 나쁜 것은 불평을 늘어놓는 사람들이 끼리끼리 모인다는 사실이다. "슬픔에는 동반자기 필요하다"라는 속담을 들어본 적 있는가? 나는 그런 부정적인 사람들과 어울리고 싶지 않다.

실제로 자발적 피해자들은 자기 문제를 스스로 해결하

려 하지 않는다. 아니, 문제 해결에 관심조차 없다. 스스로 피해자 역할을 맡으면 문제를 해결할 책임이 없어지기 때문이다. 나아가 불평불만으로 타인의 주목을 받는 것을 내심 즐긴다.

가끔 불평하거나 우울해하는 것은 괜찮다. 그렇게 마음을 있는 그대로 표현하는 것이 그 상태에서 벗어나는 데 도움을 주기도 한다. 그렇지만 그것이 길어지면 안 된다. 언제까지나 피해자 역할에 머물면 아무 문제도 해결할 수 없다. 그것은 그저 슬픔이라는 모닥불에 기름을 붓는 것에 불과하다. 때가 되면 떨치고 일어나 문제를 해결하려 노력해야 한다.

어차피 인생은 불공평하다

어쩌면 당신은 속으로 '한번 내 입장이 되어봐. 어렸을 때 부모님이 이혼하는 바람에 나는 늘 가난에 찌들어 살았어. 여전히 경제 사정이 좋지 않고 건강까지 속을 썩이고 있다고' 라고 생각할지도 모른다. 그러나 당신에게 스스로를 동정할 권리는 없다. 아니, 그런 일에는 권리라는 말을 붙일 필요조차 없다. 그것은 단지 자기 행동에 책임지지 않으려는 자기합리화에 지나지 않는다.

인생이 공평하다고 말하는 사람은 아무도 없다. 개중에는 불행한 사람도 있으나 누구에게든 불행한 일만 닥치지는 않는다. 분명 행운도 함께한다. 만약 당신이 불행하다고 생각한다면 W. 미첼(W. Michell)의 이야기를 잘 들어보기 바란다.

어느 추운 겨울 밤, 미첼은 오토바이를 타고 가다가 굴러 떨어졌고 설상가상으로 기름 탱크가 터지면서 전신 3도 화상을 입었다. 병원에 누운 그는 숟가락을 들거나 전화 버튼을 누를 수도, 심지어 혼자서 화장실도 갈 수도 없는 상황에서 끊임없이 고통에 시달렸다.

다시 일어설 때까지 그는 열여섯 번의 수술을 받았고 고통스러운 치료 기간을 보내야 했다. 결국 넉 달 만에 일어난 그는 자가용 비행기를 운전했다. 얼굴은 흉터로 가득하고 손도 자유롭게 사용할 수 없었지만 그는 동료들과 함께 난로 회사를 설립했고, 그 회사는 나날이 번창해 버몬

트에서 가장 큰 기업으로 성장했다. 이 얼마나 위대한 인간 승리인가!

그런데 여기가 끝이 아니다. 오토바이 사고 이후 미첼의 비행기가 추락해 척추가 산산이 부서졌고 결국 그는 하반신 불구 상태로 살아야 했다. 이 얼마나 불공평한 일인가! 그때 미첼이 "아, 인생은 너무 불공평해. 왜 나는 이런 운명으로 태어난 거야. 포기해야겠어"라고 말했을까?

그렇지 않다. 그는 휠체어를 타고 시장에 출마해 당선되었다. 이후 그는 국회의원 선거에도 출마했는데 그의 슬로건은 이것이었다.

"겉만 보지 마시오!"

부정적인 상황을 긍정적으로 바꾼 그는 인생을 즐겼다. 결혼도 하고 석사학위까지 취득한 그는 언젠가 《투데이 쇼》에 출연해 이렇게 말했다.

"불구가 되기 전에 제가 할 수 있던 것은 1만 가지였지요. 지금은 9,000가지입니다. 저는 할 수 없게 된 1,000가지에 집착할 수도 있고, 남은 9,000가지에 집중할 수도 있습니다."

다음에 당신이 자신도 모르게 자발적 피해자 역할을 하려 한다면 미첼을 떠올리기 바란다. 그래도 피해의식에서 헤어 나오지 못한다면 당신은 끊임없이 슬픔에 빠져 허우적댈 것이다.

변명이 무슨 소용인가?

몇 년 전 어느 성공한 사업가가 내게 "당신은 돈을 벌거나 아니면 변명할 수 있다. 하지만 그 두 가지를 한꺼번에 할 수는 없다"라고 말하며 할랜드 노인 이야기를 들려주었다.

몇 년 동안 식당과 숙박시설을 운영해온 할랜드는 사업체를 20만 달러에 넘기라는 제안을 받고 아직 은퇴할 생각이 없다는 이유로 거절했다. 그로부터 2년 후 정부에서 그의 가게를 우회하는 새 간선도로를 건설하는 바람에 그는 하루아침에 모든 것을 잃고 말았다. 예순다섯 살에 파산한 그는 약간의 연금 외에는 수입이 없었다.

그는 사업을 망친 주 정부를 상대로 소송을 걸지 않았

다. 다시 시작하기에는 너무 늙었다고 한탄하며 술로 세월을 보내지도 않았다.

할랜드는 새로운 길을 찾았다. 그는 자신이 가장 잘하는 것이 무엇인지 곰곰이 생각한 뒤 자신의 치킨요리 비법을 사줄 사람을 찾아 나섰다. 고물차에 압력 조리기를 싣고 식당마다 찾아다니며 특별한 조리법을 판매하는 일은 무척 힘들었다. 여관을 빌릴 돈이 없어서 차 안에서 잠을 자는 일도 허다했다.

할랜드는 수백 번도 더 거절을 당한 후에야 그의 꿈을 믿어주는 사람을 발견했다. 몇 년 뒤 할랜드는 가게를 열었고 그곳은 전 세계로 뻗어나간 수천 개 지점의 출발점이었다.

그는 바로 할랜드 샌더스(Harland Sanders)로 켄터키 프라이드치킨을 세운 전설적인 인물이다. 커널 샌더스라는 이름으로 더 잘 알려진 그는 나이나 사업 실패를 이유로 포기하지 않았기에 오늘날 세계적으로 유명해진 것이다. 그는 자신의 신념에 충실해 승리자로 거듭났다.

제4의 물결, 자기사업의 시대

어떤 사람은 이렇게 중얼거릴지도 모른다.

"모두가 커널 샌더스처럼 패스트푸드 제국을 세울 수 있는 것은 아냐."

물론 그렇다. 그러나 당신이 자기사업을 하겠다는 결심을 행동으로 옮기면 당신을 막을 것은 아무것도 없다. 사업을 하겠다는 생각은 한 번도 해본 적이 없다는 구차한 변명은 늘어놓지 마라. 당신의 내면에도 분명 자신만의 무언가를 해보고 싶은 욕망이 꿈틀거릴 것이다.

최근 《USA 투데이》가 자기사업과 관련해 설문조사한 내용을 발표했다. 스물다섯 살에서 마흔네 살 사이의 사람들 중 몇 퍼센트가 자기사업을 간절히 해보고 싶어 하는지 아는가? 무려 96퍼센트다! 이 수치는 대다수가 직장을 대신할 현명한 대안을 원한다는 것을 의미한다. 내가 '자기사업 시대'를 제4의 물결로 표현한 이유가 여기에 있다.

점점 더 많은 사람이 자기사업을 원하며 10년쯤 후면 그 경향이 폭발할 지경에 이를 것이다. 왜 그럴까? 그 이유

중 하나는 안정적인 일자리가 부족하다는 것이다. 수시로 번뜩이는 구조조정의 칼날은 많은 근로자에게 평생직장은 사라졌다는 메시지를 던져준다. 물론 경제적인 이유도 있다. 한 통계에 따르면 백만장자 네 명 중 세 명은 직장생활이 아니라 자기사업으로 부자가 되었다고 한다.

우리가 원하는 것

인간에게는 만들거나 창조하려는 타고난 욕구와 소유하고자 하는 욕구가 있다. 만약 당신에게 이런 욕구가 없다면 이 책을 덮고 주간신문의 만화나 뒤적이는 편이 나을 것이다. 당신에게 그러한 욕구가 없다면 나는 더 이상 열정을 담아 이야기를 들려주고 싶지가 않다.

조금이라도 영화에 관심이 있는 사람이라면 스티븐 스필버그 감독의 이름을 여러 번 들어보았을 것이다. 그는 《인디애나 존스》시리즈,《조스》,《ET》,《주라기 공원》,《쉰들러 리스트》등 영화 역사상 최고의 히트작으로 수억 달러를 벌어들였다. 수년 동안 MCA 스튜디오에서 엄청난 돈을 번 그는 최고의 인기를 누릴 때 갑자기 MCA를 떠나 자기사업을 하겠다고 결심했다. 그 이유는 무엇일까?

"내가 실소유자가 되면 내 재능을 마음껏 펼쳐 무언가를 창조할 수 있을 거라는 생각이 들었다."

그는 '돈을 더 벌고 싶어서' 혹은 '해고당하는 것이 두려워서'라고 하지 않았다.

그는 '소유와 창조'를 강조했다. 우리 역시 그것을 원한다. 그렇지 않은가?

8장

직장이 없으면 진정한 삶을 누리기 어렵다.
저축 없이 돈을 쓰기만 하는 것은
올바른 삶의 자세라고 볼 수 없다.
– 할 맥레이(Hal McRae), 전직 야구감독

직장이 안정적이라는 것은 옛말이다

지금은 신상품이 우수수 쏟아지는 것만큼이나 경영학 용어도 우후죽순 등장하고 있다. 예를 들어 인원감축이라는 뜻의 다운사이징(Downsizing)은 마치 아무도 해고하지 않을 것처럼 그럴싸해 보인다. 나아가 칼자루를 쥔 기업가는 규모 적정화라는 뜻으로 라이트사이징(Rightsizing)이라는 말도 쓴다.

결국은 감원한다는 의미인데 자꾸만 새로운 용어가 나오는 이유는 무엇일까? 가령 당신이 13년 동안 한 회사에서 열심히 일했다고 해보자. 어느 날 갑자기 회사가 매각되고 새로운 경영주가 직원의 20퍼센트를 해고한다면 그

20퍼센트는 다운사이징일까, 라이트사이징일까? 어쨌든 직원을 감원한다는 소리인데, 그렇다면 13년 동안 불필요한 인원을 계속 유지해왔다는 말인가?

나는 실업을 표현하는 용어 중 '탈직종'이라는 말을 즐겨 사용한다. 언젠가 경제지 《포천(Fortune)》에 실린 '직장의 최후'라는 기사에서 나는 "오늘날 대부분의 조직은 탈직종화 시대로 가고 있다"라는 표현을 보았다. 이것은 당신이 만약 월요일까지 직장에 나갔어도 화요일에는 '탈직종' 당할 수 있다는 얘기다. 이런 일을 당하는 이유는 당신이 수입을 다른 누군가에게 의존했기 때문이다. 이 얼마나 우울한 일인가?

과거에는 사람이 해고당해도 일자리는 남아 다른 누군가가 그 자리로 들어왔다. 하지만 지금은 사람과 일자리가 동시에 사라지고 있다. 직장 자체가 사라지는 것이다. 말 그대로 지금은 '탈직종' 시대다.

직장의 발전 과정

직장은 어떻게 해서 생겨난 것일까? 미래학자 앨빈 토플러(Alvin Toffler)는 《미래의 충격(Future shock)》에서 인류 문명에는 우리가 일하고 살아가는 방식을 결정한 세 가지의 커다란 변화가 있다고 말했다.

제1의 물결은 농경 시대로 원시적인 사냥과 농사를 중심으로 사회가 형성되었다.

제2의 물결은 산업화 시대로 영국 공장에서 출발해 제2차 세계대전을 전후로 전성기를 누렸다.

제3의 물결은 정보화 시대로 1950년대에 시작되어 화이트칼라가 블루칼라보다 많아졌다.

그러면 각 시대마다 어떤 직장이 있었고 그것이 무슨 의미를 지니는지 살펴보자.

거대한 변화의 물결

농경 시대의 가장은 주로 집에서 가축을 길러 우유를 짜거나 밭을 가는 일을 했다. 이 시대에는 많은 인력이 필요했기에 대가족이 대세였다. 당시 미국에서는 전체 인구의 90퍼센트가 농장에서 일했으나 오늘날에는 겨우 2퍼센트만 농장에서 일한다.

산업화 시대에는 산업혁명으로 공장이 문을 열면서 농부의 아들딸이 일자리와 즐거움을 찾아 도시로 떠났다. 당시 유행하던 노래의 한 구절이 그때의 상황을 대변한다.

"도시의 화려한 맛을 본 아이들을 어떻게 농장에 묶어둘 수 있겠는가?"

공장에 취직한 젊은이들은 집에서 우유를 짤 때보다는 확실히 많은 돈을 받았다. 그렇지만 여기에는 그만한 대가가 따랐다. 그들은 거의 기계 취급을 당했다! 산업화 시대에는 나사를 볼트에 넣는 단순 작업을 끊임없이 되풀이하는 일이 많았고, 생각할 필요 없이 그저 기계처럼 움직이면 그만이었다.

이후 점점 더 많은 직장이 생기면서 산업화 시대는 직장을 중심으로 돌아갔다. 그러면 직장이 우리의 삶에 어떤 영향을 주었는지 살펴보자.

학교를 졸업하면 곧바로 직장을 찾아 나선다.

더 나은 직장을 구하기 위해 고향을 떠나 도시로 간다.

아이들에게 좋은 직장을 잡으려면 열심히 공부해야 한다고 잔소리한다.

직장에서의 근로 조건 향상과 임금 인상을 위해 노동조합에 가입한다.

직장생활을 당연시한다.

결국 우리가 직장을 구하고 유지하는 일에 더 깊이 의존하면서 직업훈련, 경력, 구직, 인력센터 등의 용어가 생겨났다. 심지어 직업이 없는 사람을 가리켜 '실업자'라고 부른다.

20세기 들어 직장은 선생님, 회계사, 목수 등 자신을 대표하는 의미로 쓰이고 있다. 지난 2,000년 동안 직장의 의미는 우리가 '하는 것'에서 '가진 것'으로 변했고, 결국 우리가 '어떤 사람인지' 보여주는 것으로까지 발전했다.

제3의 물결

직장이 보편적 추세로 자리 잡은 오늘날 많은 문제가 불거지고 있다. 처음에 직장을 만들어낸 기술이 거대한 불가사리가 되어 일자리를 먹어치우고 있기 때문이다.

1970년대와 1980년대에는 로봇이 블루칼라의 일을 대신했고, 1990년대에는 개인 컴퓨터가 화이트칼라의 일을 대신했다. 그리고 지금은 불시에 날아든 해고 통지를 고통스럽지만 어쩔 수 없는 일로 받아들이는 지경에 이르렀다.

우리가 잠든 사이 정보화 시대라는 제3의 물결이 우리를 덮쳐 산업 시대의 잔재로 남아 있던 직장을 쓸어버리고 있는 것이다. 이미 우리에게는 택시기사로 나선 전직 기술자, 에어로빅 강사로 일하는 전직 회계사, 식당에서 음식을 나르는 전직 건축사의 얘기가 낯설지 않다.

이 변화를 자연재해처럼 미리 경고라도 받았다면 그 충격과 피해가 이토록 크지는 않았을 터다. 그런데 우리가 한 가지 간과하는 것이 있다. 그것은 시대는 변했는데 우리는 여전히 산업 시대의 성공모델을 적용하고 있다는 점이다.

옛날의 성공모델은 이렇다.

일단 열심히 공부해서 '좋은 대학-좋은 직장'의 코스를 밟는다. 그런 다음 직장 사다리의 맨 밑에서 시작해 계속 사다리를 올라간다. 열심히 일하고 맡은 바 책임을 다해 한 달에 한 번 급여를 받는다. 그 돈을 착실히 저축해 집을 사고 예순다섯 살이 되면 은퇴해서 연금을 받는다.

아직도 이런 꿈을 꾸는 사람들이 많이 있다.

"거래 조건이 그리 나쁘지 않군. 아버지 세대에 가능했다면 나도 가능할 거야."

그러나 갈수록 사다리의 다음 칸이 멀어지는 데다 사다리 길이 자체도 길어지고 있다. 결국 지금은 해고가 일상적으로 일어나고 있다.

요즘의 젊은 세대는 좋은 학교를 나와 좋은 직장에 들어가야 한다는 부모 세대의 성공모델에 의혹을 보내고 있다. 부모는 여전히 그 모델을 주입하지만 그들은 팔짱을 끼고 서서 이렇게 말한다.

"그게 가능하다면 왜 아버지는 그렇게 못하는 거죠? 왜 아버지는 5년 만에 벌써 네 번째 직장을 찾는 거예요? 아버지가 아무리 노력해도 소용없던 일이 제게는 가능할 거라고 보세요?"

당신은 제대로 찾고 있는가?

직장이 유일한 해결책이라는 생각에 잠시라도 의혹을 보낸 적이 있는가? 우리는 다른 사람을 위해 일하는 대신 자기 자신을 위한 일을 찾아야 한다! 혹시 원숭이와 코카콜라 나무 이야기를 알고 있는가?

어느 날 한 원숭이가 마을에서 멀리 떨어진 숲을 돌아다니다가 잠시 쉬려고 커다란 나무 그늘 아래 앉았다. 그때 나무에 기대던 원숭이는 뭔가가 손에 스치는 것을 느꼈다. 그것은 반쯤 남은 코카콜라 병이었다. 그것을 냉큼 마신 원숭이가 중얼거렸다.

"지금까지 먹어본 것 중에서 가장 맛있는 즙이로군. 이건 껍질을 깔 필요도 없잖아. 모든 원숭이가 이 신비로운 맛을 좋아할 거야. 나무에 올라가 몇 개 더 따서 가져가야

겠군."

원숭이는 주위의 큰 나무에 기어 올라가 코카콜라를 찾았지만 하나도 발견할 수 없었다. 원숭이는 생각했다.

'다른 놈들이 몽땅 따간 모양이군. 그래도 포기하지 않겠어. 이 맛좋은 열매가 달린 나무를 발견할 때까지 계속 찾아야지.'

원숭이는 하루 종일 숲 속을 헤맸다. 그 하루가 며칠, 몇 주일, 몇 개월이 되었고 마침내 원숭이는 빈손으로 무리에게 돌아갔다. 그 원숭이가 자신이 겪은 일을 얘기하자 동료들은 멍청한 놈이라며 놀려댔다.

물론 원숭이의 생각은 옳았으나 잘못된 장소에서 원하는 것을 찾는 우를 범했다! 원숭이가 실패한 이유는 가정이 틀렸기 때문이다. 원숭이는 코카콜라 병이 나무에서 떨어진 것이라고 가정했다. 코카콜라가 어디에서 생기는지 제대로 알았다면 원숭이는 부자가 되었을지도 모른다.

아무리 구하면 얻는다지만 모래 상자에서 다이아몬드를 발견할 수는 없는 노릇이다. 갖고자 한다면 그것을 얻을 수 있는 장소에서 찾아야 한다.

혹시 당신도 원숭이처럼 직장이라는 나무에서 독립을 찾는 것은 아닌가? 직장생활로 자유, 경제적 안정, 개인적 만족을 얻을 것이라고 가정하는가? 그 가정 아래서는 실패할 운명이거나 잘해야 평범한 삶을 누릴 뿐이다.

한데 안타깝게도 미래에 투자하는 사람도 고작해야 더 좋은 직장을 얻기 위해 자기계발을 하는 것에 그친다. 그러다가 해고되면 또 다른 직장을 찾을 때까지 집에 앉아 기다린다. 보통의 근로자가 은퇴하기까지 몇 개의 직장을 전전하는 이유가 여기에 있다.

이제라도 '직장 만능주의'의 함정에 빠진 가정을 진지하게 재검토해야 하지 않을까? 지금은 다른 사람이 아니라 스스로를 위해 일할 때다. 직장 의존적인 자세에서 벗어나 독립해야 하는 시기다.

누가 직장에서 일할 것인가?

"버크, 모든 사람이 자네의 충고를 받아들여 자기사업을 한다면 대체 직장은 누가 지키지? 누군가는 직장에서 일해야 하는 것 아냐?"

나는 분명 직장이 모조리 사라질 것이라고 말하지 않았다. 아직도 우리 주위에는 온갖 종류의 직장이 넘쳐나고 있다. 지금 당장 신문을 펼쳐 광고란을 보면 저임금에 전문기술이 필요 없는 지루한 3D 업종이 넘쳐난다. 하지만 그런 직장에 미래가 있을까?

물론 의사나 기술자처럼 전문적인 기술을 필요로 하는 직장도 있다. 내 친구의 법률 사무소에서도 사람을 뽑는다고 한다. 일주일에 100시간을 일할 권리를 얻는 대가로 초임 2만 5,000달러를 받기 위해 선임변호사와 함께 10만 달러를 출자할 사람을 찾는 것이다! 그럼에도 불구하고 그것이 최선이라고 생각하며 똑똑한 사람들이 법대에 들어가려 기를 쓰고 있다.

나라면 그런 직장은 사양하겠다. 가장 현명한 선택은 좋은 직장을 기대하며 대학에 진학하는 것이 아니라 기회를 이용할 준비를 하는 것이다.

변화만이 유일하게 변하지 않는다

날로 발전하는 기술 덕분에 우리는 좋든 싫든 변화의 시대를 살아가고 있다. 예를 들어 농업 기술의 변화 과정을 살펴보자. 100여 년 전만 해도 농사는 대부분 수작업으로 이루어졌다. 19세기 말 미국의 100가지 직장 중 60가지는 농업과 관련되어 있었다. 물론 오늘날에는 100명의 미국인 중 겨우 두 명만 농업에 종사한다. 그런데 생산성은 1세기 전보다 무려 1,000배나 높다.

그렇다면 농업과 관련된 직장은 여전히 남아 있을까? 많지는 않지만 남아 있다. 자기 소유의 농장이 없으면 수입이 적지만 말이다.

100여 년 전 농업에 일어난 일이 오늘날 산업에도 일어나고 있다. 기술이 많은 직장을 대신해도 생산성은 꾸준히 높아지고 있다!

1980년대에는 블루칼라의 일자리가, 1990년대에는 화이트칼라의 일자리가 기술로 대체되었다. 그리고 2000년대 이후에는 자기사업의 황금시대가 활짝 열렸다.

기회는 풍부하다

우리가 지금까지 추구해온 평생 고용, 고임금, 여러 가지 혜택, 편안한 노후 생활 등을 제공하는 직장은 더 이상 존재하지 않는다. 물론 평생을 보장하겠다는 유혹으로 당신의 재능을 이용하려는 회사도 있으나 실제로는 단기적인 월급이 전부다. 여하튼 평생직장의 개념은 한때 유행한 장발이나 나팔바지 열풍처럼 이미 사라져버렸다.

당신이나 당신이 아는 누군가가 평생 한 회사에서 일할 가능성은 얼마나 될까? 아마 100만 명 중 한 명꼴일 것이다.

오늘날 미국에서 가장 잘나가는 기업은 어디일까? 제너럴 모터스? 제너럴 일렉트릭? AT&T? 이들은 정답이 아니다. 가장 잘나가는 기업은 바로 임시직 서비스 회사다. 이들은 직장을 소개하고 그 일이 끝나면 다른 직장을 소개하는 일을 한다. 이것이 오늘날 직장 세계의 현주소다.

임시직이나 일당을 받는 일이 아니면 일자리를 구하기가 어렵다는 말이냐고? 그렇지 않다. 일자리가 사라진다는 것은 오히려 좋은 소식이다. 우리가 지금까지 알고 있던 직장이 빠르게 사라지는 동시에 엄청난 기회가 생기고 있다! 그런데 안타깝게도 그 기회는 직장과 달리 신문의 광고란에 나오지 않는다. 그 기회는 재미있고 창조적이며 수익이 높다. 무엇보다 기회가 아주 풍부하다.

새로운 길

1800년대에 철도산업은 사람과 상품을 전국에 실어 나르는 일로 엄청난 돈을 벌었다. 하지만 잘나가던 철도 사업가들은 결정적인 실수를 저질렀다. 자신들이 단순히 철도사업만 한다고 생각한 것이다. 실제로 그들은 철도사업이 아니라 운송사업을 했지만 시야가 좁은 그들은 결국 트럭과 항공업계에 자리를 빼앗기고 말았다. 철도사업 관계자들이 넓게 내다보지 못해 황금 기회를 놓쳐버린 것이다.

일반인도 마찬가지다. 우리는 우리가 직장 세계에서 일하는 줄 알지만 사실은 기회 세계에서 일한다. 통계에 따르면 미국인의 60퍼센트가 파산해서 길거리로 나앉을 지경이라고 한다. 그들을 이 지경으로 내몬 것은 무엇일까? 바로 직장인의 길이다. 직장인의 길이 당신을 가고자 하는 목적지로 데려다주지 못한다면 다른 길을 택하는 것이 옳지 않은가?

늘 말하지만 당신이 하던 일을 계속 하면 잘해야 지금까지 얻던 것을 얻을 뿐이다.

아직 기회는 있다

1995년 뉴욕 시 마라톤 대회에서 방향을 잘못 잡고도 우승한 참가자가 있었다. 저먼 실바라는 멕시코 선수와 그의 동료들은 결승선을 약 1.6킬로미터 남겨놓고 잘못된 방향으로 길을 돌았다. 몇 백 미터를 달린 후에야 실수를 깨달은 그들은 왔던 길을 되돌아가 간발의 차이로 1등을 따돌리고 승리했다.

당신은 어떤 길을 달리고 있는가? 직장인의 길인가, 아니면 자기사업의 길인가? 설사 당신이 지금 직장인의 길에 있을지라도 결코 실망하지 마라. 왔던 길을 되돌아가 독립으로 향하는 길로 가기에 아직 늦지 않았다. 그 길은 현명한 대안의 길이다.

You Can't Steal Second With Your Foot On First!

Ⅲ
이 시대의 가장 현명한 대안

소유할 것인가, 소유당할 것인가?

부자가 되는 비밀

이상적인 사업은?

1루에 발을 붙이고는 2루로 도루할 수 없다

개인 독립선언서에 서명하라

표지만 보고 전체 내용을 판단할 수는 없다

9장

민주주의의 본질은 자유기업에 있다.
- 캘빈 쿨리지(Calvin Coolidge), 미국 제30대 대통령

소유할 것인가, 소유당할 것인가?

나는 직장생활이나 경제 상황을 두고 불평불만을 늘어놓는 사람을 볼 때마다 건망증이 심한 세일즈맨 조지의 이야기가 떠오른다. 조지는 심한 건망증으로 사무실에서 늘 놀림을 당했다. 매일 사무실의 누군가가 조지에게 외치는 소리가 들려왔다.

"조지, 머리를 잃어버리지 않도록 어깨 위에 잘 붙이고 다니게."

어느 날 점심시간 무렵 부서별 회의를 하려던 영업팀장이 조지를 따로 불러 먼저 점심을 먹고 나머지 직원들에게 줄 샌드위치를 사오라고 시켰다. 조지가 문을 나서자 팀장

이 직원들에게 짓궂게 물었다.

"여기서 다이어트를 하는 사람은 손을 들어보세요."

절반 정도가 손을 들자 팀장이 빙그레 웃으며 말했다.

"손을 든 사람은 내가 조지에게 점심을 먹고 돌아오는 길에 샌드위치를 사오라고 시켰다는 걸 다행으로 아세요. 조지가 그걸 잊고 그냥 돌아온다는 데 내 월급의 반을 걸지요!"

모두가 동의하듯 고개를 끄덕이며 웃음을 터뜨렸다. 한 시간쯤 후 조지가 상기된 표정으로 숨을 헐떡이며 회의실로 뛰어 들어왔다. 조지는 깜짝 놀라는 사람들을 향해 숨도 쉬지 않고 말했다.

"방금 무슨 일이 있었는지 아세요? 점심을 먹다가 크게 성공한 대학 친구를 만났어요. 글쎄 그 친구가 우리 회사 제품을 1,500만 달러어치나 주문했지 뭐예요!"

회의실은 조지의 갑작스런 성공을 축하하는 박수소리로 요란했다. 그때 팀장이 손을 들어 분위기를 가라앉히고 물었다.

"조지, 뭐 빼먹은 거 없어?"

팀장이 딱딱한 목소리로 묻자 조지는 더듬거리며 말했다.

"글쎄요, 뭐 다른 것이 있었나요?"

팀장은 얼굴을 찡그리며 짐짓 화난 목소리로 말했다.

"그것 봐. 내가 샌드위치를 잊어버릴 줄 알았다니까!"

정말로 중요한 것

이 이야기는 사소한 일에 신경 쓰는 것은 무익하다는 교훈을 전해준다. 우리는 정말로 중요한 것이 무엇인지 끊임없이 떠올리며 사물을 올바른 시각으로 바라보아야 한다. 조지의 이야기에서 정말로 중요한 것은 그가 제품을 팔았다는 사실이다!

그런데 팀장은 나무를 보느라 숲을 보지 못했다. 조지의 건망증이라는 나무에 집착한 나머지 회사에 큰 이익을 남겼다는 숲은 못 본 것이다. 마찬가지로 수많은 사람이 직장주의라는 나무에 집착해 자유기업이 제공하는 풍부한 기회라는 숲을 못 보고 있다.

자유기업에 대한 올바른 시각

다음의 상식적인 정의는 내가 고교 시절에 들은 것인데, 그 내용이 쉬워서 지금까지도 기억하고 있다.

공산주의: 당신에게 젖소 두 마리가 있다. 정부에서 두 마리를 모두 가져가고 대신 우유의 일부를 나눠준다.
사회주의: 당신에게 젖소 두 마리가 있다. 정부에서 한 마리를 가져가 이웃에게 나눠준다.
자본주의: 당신에게 젖소 두 마리가 있다. 당신은 그중 한 마리를 팔아 황소를 산다.

의미를 아주 쉽고 명확하게 전달하지 않는가? 그리고 세 가지 체제 중에서 마음대로 젖소를 팔아 황소를 살 수 있는 체제 아래 산다는 것이 기쁘지 않은가?
그렇지만 나는 자기사업을 하지 않는 사람은 완전한 자본주의자가 아니라고 본다. 자유기업의 장점을 최대한 이용하지 않기 때문이다. 다른 사람을 위해 일하는 사람은

'직장주의'라는 또 다른 체제 아래에 사는 셈이다. 나는 직장주의를 이렇게 정의한다.

직장주의: 당신의 고용주에게 젖소 두 마리가 있다. 당신은 우유를 짜주고 고용주에게 10센트를 받는다. 그런 다음 고용주에게 1달러를 지불하고 우유를 사먹는다. 당신의 고용주는 젖소 두 마리와 이익을 모두 챙긴다.

이 정의는 고용주와 종업원의 차이를 명확히 설명한다. 고용주는 종업원을 도매가로 고용하고 그 종업원의 시간과 노력을 소비자에게 소매가로 팔아 남는 이익을 챙긴다.

불공평하다는 생각이 드는가? 그런데 왜 똑똑한 많은 사람이 자본주의의 장점을 선택하는 대신, 직장주의로 안전을 도모하는 것일까? 그 최선의 답은 내가 '산소 이론'이라 부르는 것에서 찾을 수 있다.

자유기업은 산소와 같다

우리 주위에 늘 산소가 있다 보니 우리는 산소의 소중함을 잘 모른다. 그저 아무 생각 없이 산소를 들이마시며 그것을 당연하게 여길 뿐이다. 그러면 호흡장애가 있는 사람은 어떨까? 호흡의 귀중함을 잘 아는 그들은 한 모금의 산소도 고맙게 들이마신다.

자유기업도 마찬가지다. 자유기업체제에서 일하는 것은 산소의 혜택을 누리는 것과 같다. 만약 자유기업 기회가 존재하지 않았다면 사람들은 이것을 얻기 위해 큰 소리로 외쳐댔을 것이다. 산소든 자유기업이든 그것에 굶주려 봐야 소중함을 깨닫는다. 세상에 당연한 것은 없다. 당신은 자유기업을 당연히 주어지는 것으로 받아들이면 안 된다.

자유기업은 삶의 엔진이다

언젠가 마이크로소프트는 이런 광고를 내보냈다.

'자유기업은 우리 사회의 엔진입니다. 이것이 없으면 직장도 없습니다. 제품도 경쟁도 진보도 없습니다.'

자유기업은 삶의 엔진이다. 나머지는 부수적인 것에 지나지 않는다. 이것은 직장도 마찬가지다. 내가 자유기업을 '현명한 대안'이라고 하는 이유가 여기에 있다. 공산주의, 사회주의, 직장주의에 비해 자유기업은 현명한 대안 이상이다. 그것은 시장과 상관없이 인간적인 고민에 관한 문제다. 자유기업은 단지 고객욕구를 파악해 고객이 공정한 시장가격을 지불하고 구입할 의사가 있는 제품 및 서비스를 제공할 수 있는지만 문제로 삼는다.

시대적 흐름은 달리는 말과 같다

오늘날 자유기업체제는 전 세계적인 추세다.《메가트렌드》의 저자 존 네이스비츠는 시대적 흐름의 중요성을 이렇게 설파하고 있다.

"시대적 흐름은 달리는 말과 같아서 달리는 방향에 맞

춰 편승하는 것은 아주 쉬운 일이다."

자유기업 추세가 결승선을 향해 질주하고 있다면 왜 그토록 많은 사람이 경제적 독립을 원하면서도 직장에 얽매이는 것일까? 나는 그 이유가 '의존성'에 있다고 본다.

독립의 길

나는 '의존'이라는 말을 아주 싫어한다. 의존의 반대는 독립으로 당신은 의존과 독립 중 하나의 상태에 있을 것이다.

최근 한 설문조사기관에서 중소기업 창업자를 대상으로 자기사업의 좋은 점을 조사했다. 그런데 그들 중 75퍼센트가 독립적이어서 좋다고 대답했다. 실제로 사람들은 돈, 시간, 그 밖에 어떤 것보다 더 독립을 원한다. 사람들은 원하는 때 일하고 스스로 결정하며 해결하기를 바란다!

당신이 부모든 상사든 누군가에게 의존하면 결코 자유로울 수 없다. 어린 시절 내 부모님은 먹고 자는 모든 문제를 해결해주는 대신 나를 통제했다! 자고 일어나는 시간과

귀가 시간을 간섭했고 나는 내 규칙이 아니라 부모님의 규칙에 따라 살았다. 세 끼 식사와 살 집을 제공받는 대신 부모님의 지시에 따라야 했던 나는 자유를 잃은 셈이다.

이것은 당신의 직장생활과 비슷하지 않은가? 나는 얼른 성장해 나만의 장소에서 내 규칙대로 자유롭게 살고 싶었다. 부모님께 의존하는 한 독립적인 삶은 불가능했다. 잠깐 동안이었지만 나는 직장에서도 똑같은 느낌을 받았다.

처음에는 아주 좋았으나 쥐꼬리만 한 월급을 받기 위해 불만스러워도 참고 남이 시키는 대로 해야 한다는 사실에 나는 화가 나기 시작했다. 정해진 시간에 출퇴근하는 것도 곤혹스러운 일이었다. 나는 회사의 규칙이 합리적이든 아니든 그것을 따라야 보잘것없는 월급이라도 받는 그런 생활이 정말 싫었다.

직장으로부터의 독립

불행히도 오늘날에는 어딘가에 의존하는 삶을 그대로

받아들이는 사람이 너무 많다. '의존'의 가장 나쁜 점은 중독성이다. 의존할 때의 편안함에 중독되는 것이다.

윌슨 해럴(Wilson Harrell)은 그의 저서 《기업가 여러분께 (For Entrepreneurs Only)》에서 이렇게 말하고 있다.

"기업가가 추구하는 것은 돈이 전부가 아니다. 권력도 영향력도 아니다. 이것은 단지 성공의 척도에 불과하다. 기업가가 진정으로 원하는 것은 바로 자유다! 자기계발을 할 자유, 아이디어를 사업화할 자유 그리고 그 사업을 대기업으로 키울 자유다!"

위대한 사업가들은 소유당하는 쪽이 아니라 소유하는 쪽을 택했다. 철강왕 앤드루 카네기도 자유와 독립을 위해 자기사업을 시작했다.

젊은 시절 카네기는 펜실베이니아 철도에서 경영 후계자 교육을 받았다. 당시 철도산업은 미국 정부가 찍어내는 돈보다 더 많은 돈을 벌어들이는 상황이라 그냥 거기에 몸담고 있어도 엄청난 돈을 벌었을 것이다. 가난한 스코틀랜드 출신 이민자의 아들로서 그 정도도 상당한 출세였다.

그러나 카네기는 서른 살에 사표를 내고 자기사업을

시작했다. 1873년 US 철강회사를 세운 그는 1901년 2억 5,000만 달러에 회사를 팔았는데, 오늘날로 치면 그 돈은 수십억 달러에 해당한다.

그럼 다음 장에서 당신도 앤드루 카네기처럼 돈을 벌 수 있는 비밀을 알려주도록 하겠다.

10장

나는 백만장자가 되고 싶지는 않다.
단지 백만장자처럼 살고 싶을 뿐이다.
— 투츠 쇼어(Toots Shore), 뉴욕 유명 레스토랑 경영주

부자가 되는 비밀

언젠가 한 신문기자가 《톰 소여의 모험》을 쓴 미국의 소설가 마크 트웨인(Mark Twain)에게 부자를 어떻게 생각하느냐고 물었다.

"나는 백만장자를 싫어한다네. 이 말을 기사화해도 상관없어."

기자는 공감한다는 듯 고개를 끄덕이더니 트웨인이 깊이 담배를 빨아들이는 동안 그 말을 받아 적었다. 그때 갑자기 트웨인이 기자 쪽으로 몸을 기울이더니 말했다.

"하지만 나를 백만장자로 만들어준다면 그건 좀 생각해봐야겠네."

이 말은 우리의 생각을 잘 대변한다. 우리는 간혹 부자를 비난하지만 속으로는 모두들 부자가 되고 싶어 한다. 사실 가난하게 살고 싶은 사람은 거의 없을 것이다.

영국의 시인 바이런(Byron)은 돈의 힘을 멋지게 정의하고 있다.

"돈은 알라딘의 램프다."

실제로 당신에게 돈이 많으면 원하는 것을 모두 할 수 있다. 당신이 부자라고 상상해보라. 무엇을 하고 싶은가? 멋진 집과 차를 구입하고 싶은가? 자녀에게 최고의 교육 기회를 제공하고 싶은가? 전 세계 최고급 휴양지에서 휴가를 즐기고 싶은가? 기쁜 마음으로 돈을 기부하고 싶은가?

솔직히 우리는 모두 부자가 되고 싶어 한다. 그럼에도 불구하고 부자가 아닌 이유는 부자가 되는 방법을 모르기 때문이다.

작은 것이라도 내 것으로 만들어라

부자는 어떻게 부자가 된 것일까? 그 방법은 아주 다양

하다. 의사, 회계사, 변호사 같은 전문직으로 돈을 번 사람도 있고 보험금으로 한몫 잡은 사람도 있다. 또 주식투자, 부동산투자, 프랜차이즈 사업, 유통 등 나열하자면 끝이 없다.

이들에게는 한 가지 공통점이 있는데, 그것은 그들이 무언가를 소유하고 있고 그에 따른 이익을 확실히 알고 있다는 사실이다. 부자는 대개 집을 소유하고 있고 주식과 채권, 사업체 중 한두 개를 갖고 있다. 이 모든 것을 갖고 있기도 하다. 중요한 것은 그들이 그런 것으로 부자가 된 게 아니라는 점이다.

부를 창출하는 열쇠는 소유하는 것 그 자체에 있다!

1960년대에 웨인이라는 스무 살의 대학중퇴자가 쓰레기차 운전기사로 일했다. 그는 그 낮은 지위와 박봉의 직장에 머물지 않고 부를 창출할 기회를 찾아냈다. 그 사업을 배우고 익혀 매니저가 된 다음 돈을 모아 청소차를 구입한 것이다. 곧이어 그는 작은 도시의 폐기물 수거회사를 사들였고 순차적으로 주변 도시, 전국의 폐기물 수거회사를 매입했다. 10년 후 웨인은 연수입 200억 달러가 넘는 폐기물 수거회사를 소유했다!

만약 그가 새로운 기회를 찾는 대신 더 나은 직장을 찾으려고만 했다면 이렇게 성공할 수 있었을까? 우리는 모두 그 답을 알고 있다!

이처럼 '소유한다는 것'은 명백하게 토대를 쌓는 일이다. 그럼에도 불구하고 많은 직장인이 그것을 이용하지 못한다. 주위를 둘러보라. 누가 돈을 벌고 있는가? 집주인인가, 세입자인가? 누가 더 잘사는가? 월마트에서 물건을 사며 돈을 아끼는 사람인가, 월마트의 주식을 사는 사람인가? 누가 일등석을 타고 여행하는가? 자동차 대리점 사장인가, 그곳에서 일하는 자동차 수리공인가?

자유기업의 힘

대다수에게 가장 큰 자산은 바로 집이다.

예를 들어 당신의 부모님이 1960년대에 괜찮은 집을 2만 달러에 구입했다고 해보자. 지금 그 집은 가격이 10배 이상 올랐을 것이다. 부모님이 그 집을 팔아 20만 달러를 받는다면 그들은 레저용 자동차를 새로 구입해 여행을 즐기고도 상당한 금액을 저축할 수 있으리라. 이것이 바로 집주인과 세입자의 차이다.

그럼 당신의 부모님이 몇 년에 걸쳐 괜찮은 집을 10채 구입해 20년이 지난 뒤 모두 팔았다고 해보자. 아마 당신의 부모님은 호화유람선을 타고 전 세계를 여행한 후에도 돈이 족히 100만 달러는 남을 것이다. 이것이 자유기업의 힘이다!

물론 자유기업은 부동산에 국한된 것이 아니다. 자유기업은 소유의 개념을 기초로 하며 그 선택은 당신에게 달려있다. 모두에게 공평한 선택권이 있음을 기억하라.

부자에게 배우기

백만장자라고 죄다 당신보다 똑똑하거나 재능이 많은 것은 아니다. 그들 중 대다수는 평범하다. 그 평범한 사람들이 어떻게 해서 그토록 많은 돈을 모은 것일까? 평범한 사람들이 어떻게 돈을 벌었는지 알아내 그대로 따라 하면 당신도 부자가 되지 않을까?

최근 165명의 백만장자를 대상으로 한 어느 설문조사는 부자들의 돈 버는 비결을 잘 보여준다.

- 부모님의 재산을 상속받은 백만장자는 10퍼센트였다.
- 약 75퍼센트의 백만장자가 자기사업으로 돈을 벌었다.
- 부자들은 소득의 25퍼센트 이상을 저축하거나 투자한다.

이 결과는 자기사업이야말로 부를 창출하는 최선의 길임을 증명한다. 그리고 부를 유지하는 최고의 방법은 다른 성공적인 회사에 투자하는 것이다.

지금은 과거 그 어느 때보다 자유기업이 안겨주는 기회가 무궁무진하다. 그러므로 직장을 찾는 대신 기회를 찾아야 한다. 고용주에게 의존하는 것이 아니라 자기사업을 소유해 독립해야 한다. 실제로 소규모 기업은 꾸준히 늘어나고 있으며 그들은 기록적인 수익을 거두고 있다.

우리가 눈을 부릅뜨고 찾으면 기회는 어디에서든 발견할 수 있다.

어떤 사업을 시작해야 할까?

　성공 이야기의 공통적인 특징은 기회를 잡아 무언가를 소유했다는 점이다. 사실 우리에게는 기회가 정말 많다. 다만 그 기회를 애써 찾지 않아 그냥 흘러갈 뿐이다. 특히 기술 발달로 우리 앞에는 더 많은 기회가 펼쳐져 있다. 예를 들면 오락, 교육, 건강관리, 인성계발, 유통, 재정 서비스 등 무수한 기회가 널려 있는 것이다.

　그렇지만 우리는 현실을 직시해야 한다. 모든 사람이 많은 돈을 투자해 자기사업을 시작할 수 있는 것은 아니다. 또 사업에는 투자금뿐 아니라 운영자금도 필요하다. 사실 사람들은 대부분 여유자금으로 5,000달러를 갖고 있기도 힘들다.

　나도 얼마 전에는 500달러의 여유자금도 없었다. 그러나 몇 년 동안의 경험으로 진정 사업을 하고 싶다면 어떻게 해서든 돈을 마련할 수 있다는 것을 알았다. 사업을 시작하지 못하는 이유가 돈이 부족해서라는 것만큼 군색한 변명도 없다.

예를 들어 당신이 10만 달러짜리 집을 원한다고 해보자. 그 돈을 모두 손에 쥐어야 집을 살 수 있을까? 그렇지 않다. 정말로 원한다면 당신은 융자를 받아서라도 집을 살 것이다. 사업을 시작하는 것도 마찬가지다.

당신이 진정 독립을 원한다면 돈은 사업을 시작하는 데 하등 문제가 되지 않는다. 중요한 것은 어떤 사업을 시작하느냐 하는 문제다. 그 답을 다음 장에서 살펴보자.

11장

> 비결은 시스템에 있다.
> – AT&T 광고

이상적인 사업은?

 윙윙, 파리 한 마리가 자유를 찾아 두 시간째 내 사무실 유리창에 몸을 던지고 있다. 약 1미터 높이에 열어놓은 창문이 있었지만 파리는 그것을 알아채지 못했다. 조금만 뒤로 물러나 열린 창문을 보았다면 파리는 단 몇 초 만에 자유롭게 날아갔을 것이다. 그러나 파리는 그렇게 하지 않았다.

 내일이면 여전히 창문가를 맴도는 파리나 근처 창틀에서 지쳐 죽어버린 파리를 보게 될지도 모른다.

'열심히'가 아니라 '현명하게' 일하라

파리는 자유를 찾아 열심히 날갯짓을 했으나 얼마나 노력하든 상관없이 실패할 운명이었다. 파리가 좀 더 똑똑했다면 꿈을 이루기 위해서는 '열심히'가 아니라 '현명하게' 일해야 한다는 사실을 깨달았을 것이다.

그러면 우리는 파리보다 똑똑할까? 안됐지만 대부분의 근로자는 파리와 다를 게 없다. 오늘날의 평범한 근로자는 25년 전의 근로자보다 3주 정도 더 일한다는 사실을 알고 있는가? 주당 40시간의 근무시간은 50시간으로 늘어나더니 심지어 60시간에 이르기도 한다. 한데 일하는 시간이 늘어나도 내 집 마련은 갈수록 더 어려워지고 있다.

당신에게는 두 가지 선택지가 있다. 하나는 계속 해서 직장이라는 보이지 않는 벽에 몸을 날리는 것이다. 다른 하나는 보이지 않는 벽에서 한 걸음 뒤로 물러나 자유기업이라는 열린 창문으로 자유를 찾아 날아가는 길이다.

이상적인 사업이란?

그럼 당신이 자기사업을 해야 자유, 독립, 행복, 돈을 얻을 수 있다는 내 충고를 받아들였다고 가정해보자. 그리고 당신이 자유를 찾아 날아갈 준비를 갖췄다고 해보자. 이제 당신은 내게 질문할 것이다.

"좋아, 자유기업의 장점을 인정해. 지금 당장이라도 시작할 수 있어. 그런데 무슨 사업을 해야 하지?"

나는 이상적인 사업이란 하나의 시스템이라고 생각한다. 그 대표적인 예를 살펴보자.

맥도날드는 그저 평범한 햄버거를 팔고 있을 뿐인데, 최고의 햄버거를 팔던 우리 동네 햄버거 가게는 왜 맥도날드에게 밀려 문을 닫은 것일까?

두 사업체의 차이는 시스템에 있다. 동네 햄버거 가게처럼 음식 맛이 좋아도 계획을 성공적으로 수행하지 못하면, 조직적으로 관리하지 않으면, 어떤 상품을 팔아야 하는지 모르면 실패할 수밖에 없다. 반대로 맥도날드는 철저한 시스템 아래 어느 나라, 어느 곳에서든 빠르고 친절한 서비스와 똑같은 맛의 햄버거를 제공한다. 이것이 맥노날드를 비롯해 역사상 모든 프랜차이즈 기업이 성공하는 이유다!

《포천(Fortune)》 선정 500대 기업의 한 사장이 언젠가 주주들이 모인 자리에서 이런 말을 했다.

"나는 획기적인 아이디어에는 1달러도 내기 싫지만, 그 아이디어를 실행할 계획에는 100만 달러라도 기꺼이 내겠다."

맥도날드의 프랜차이즈를 시작하려면 어마어마한 비용이 드는데, 이는 성공이 입증된 시스템을 구입하는 것이기 때문이다.

시스템 창조하기

성공적인 시스템을 활용하는 데는 두 가지 방법이 있다. 당신만의 시스템을 창조하거나 아니면 이미 존재하는 시스템을 따라 하는 것이 그것이다.

먼저 당신만의 시스템을 창조하는 방법부터 알아보자.

사람들은 대부분 직장에서 자신이 하는 일에 익숙하다. 즉, 사람들은 직장에서 일하며 그들 나름대로 시스템을 개

발한다. 실제로 매일 수행하는 하루 일과로 장기적인 성공 시스템을 만들 수 있다.

그러다가 어느 날 갑자기 당신은 이런 생각을 한다.

'사장은 내게 2,000달러의 월급을 지불하고 내가 제공하는 서비스를 5~10배로 팔아먹고 있어. 사장은 내 노력으로 엄청난 돈을 버는데, 왜 나는 겨우 그 정도 돈을 받아야 하지?'

아주 발전적인 생각이다. 그래서 나도 첫 사업을 시작했다. 스물두 살 때 휴대전화 판매업을 시작한 나는 얼마 지나지 않아 획기적인 판매 시스템을 개발했다. 이후 나는 다른 사람에게 내 성공 시스템을 가르쳐주고 그들 수익의 일부를 받는 식으로 나만의 사업을 시작했다.

일반적인 경우와 마찬가지로 내게도 다른 사람 밑에서 일하며 축적한 경쟁력이 있었다. 그것은 성공 시스템을 창조하는 밑천으로 서서히 내 사업을 추진하는 자신감과 경험으로 바뀌었다.

주위를 살펴보면 나와 같은 방식으로 자기사업을 시작하는 사람이 아주 많다. 그들은 자신에게 익숙하고 잘할 수 있는 일을 기반으로 사업을 시작한다.

프랜차이즈 시스템

자신이 하는 일에 익숙하긴 하지만 그 일이 싫을 때는 어떻게 해야 할까? 실제로 직장인 중에는 자기 일이 싫으면서도 어쩔 수 없이 하는 사람이 많다. 가령 경리 업무를 싫어하지만 그 일에 능숙하다면? 그가 회계장부 정리 서비스업을 시작하는 것은 올바른 선택일까? 말도 안 된다. 이것은 마치 뜨거운 프라이팬을 피해 불 속으로 뛰어드는 것과 같다.

자신이 좋아하는 일을 해야 한다. 미국의 연극배우 윌 로저스(Will Rogers)는 "자신의 일을 좋아하는 사람은 평생 일하지 않아도 되는 셈이다"라고 말했다.

무엇을 선택해야 할까?

가능한 한 당신이 좋아하고 이미 시스템이 존재해 따라

할 수 있는 사업을 찾아야 한다. 그러면 값비싼 실수를 줄일 수 있다. 바로 이것이 프랜차이즈 사업이 안겨주는 혜택이다. 실제로 나는 프랜차이즈 식당, 호텔, 골프점 등에 투자해 엄청난 수익을 올리는 사람을 많이 보았다.

물론 프랜차이즈도 쉽게 성공할 수 있는 사업은 아니다. 철저한 준비와 함께 새로운 시스템을 익히고 열심히 노력해야 한다. 그래도 자기만의 시스템을 창조하는 것보다 프랜차이즈의 성공 시스템을 따르는 것이 훨씬 안전하다. 그것은 전문가들이 전체 제품 및 서비스의 3분의 1이 프랜차이즈 형태로 유통된다고 볼 정도로 날로 성장하는 프랜차이즈 사업이 입증한다.

프랜차이즈처럼 성공 시스템을 복제할 수 있는 사업에는 무엇보다 '가능성'이라는 커다란 장점이 있다.

성공의 기본 요소

프랜차이즈 사업을 성공적으로 운영하려면 자본과 전문 기술이라는 두 가지 기본 요소가 필요하다. 다시 말해

프랜차이즈를 시작할 돈과 제대로 운영할 기술이 있어야 한다. 또 프랜차이즈 사업으로 많은 돈을 벌려면 여러 개의 가맹점을 소유해야 한다.

내가 처음 사업을 시작할 무렵 내게는 돈이 거의 없었다. 그래서 내게는 프랜차이즈 사업이 현실적인 대안이 아니었다. 그런데 첫 사업을 그만둘 즈음 나는 '제2의 프랜차이즈'라 불리는 네트워크 마케팅 개념을 알게 되었다.

제2의 프랜차이즈 시스템

네트워크 마케팅을 '제2의 프랜차이즈'라고 부르는 이유는 네트워크 마케팅이 프랜차이즈의 이점을 모두 제공하면서도 많은 창업비가 들지 않기 때문이다. 투자금이 거의 없지만 당신은 그 사업을 연간 수백만 달러짜리 사업으로 키울 수 있다.

성공에 필요한 전문지식도 여타 사업보다 단연 앞서간다. 이미 탄탄한 길을 다진 네트워크 마케팅 회사들은 당신이 배우고 따르도록 복제 가능한 시스템을 갖추고 있다.

따라서 꿈을 이루려는 열정과 배울 자세만 있으면 당신은 개업 첫날부터 이익을 내며 사업을 시작할 수 있다.

사업 기술은 얼마든지 습득이 가능하다. 제2의 프랜차이즈에서 무엇보다 좋은 것은 사업을 구축하면서 하버드 대학 교육에 버금가는 체험을 할 수 있다는 점이다.

내가 보건대 제2의 프랜차이즈는 초보 사업자는 물론 노련한 사업가가 선택할 수 있는 최상의 시스템이자 모델이다. 그 사업은 파트타임으로도 가능하고 업계에서 가장 성공한 사람들에게 최고의 교육을 받을 수 있다. 다시 한 번 말하지만 제2의 프랜차이즈는 별다른 자본 투자 없이 큰돈을 벌 수 있는 유일무이한 최상의 시스템이다.

놀라운 성장세

직접판매협회(Direct Sales Association)에 따르면 제2의 프랜차이즈는 전 세계 영화계를 주름잡는 할리우드보다 연매출액이 높으며, 그 규모가 갈수록 커지고 있다. 전 세계적인 성장세와 함께 사람들의 사고방식, 일하는 방식 변화를 고려하면 앞으로도 제2의 프랜차이즈는 성장세가 꺾이지 않을 가능성이 크다.

그 과정에서 발생하는 엄청난 이익은 누구의 몫이라고 생각하는가? 당연한 얘기지만 실적이 안정적인 건실한 회사와 네트워크 마케팅 사업을 하는 네트워커다.

네트워크 마케팅 사업이 놀라운 성장세를 보이는 데는 두 가지 이유가 있다.

첫째, 평범한 보통 사람도 첨단기술을 마음껏 이용할 수 있다. 예를 들어 당신은 10년 전에 비해 거의 푼돈에 가까운 비용으로 팩스, 컴퓨터, 휴대전화 등을 갖춘 홈 오피스를 차릴 수 있다.

둘째, 기존의 사업과 달리 제2의 프랜차이즈는 단순하면서도 역동적인 곱셈 개념을 활용한다. 그러면 기하급수적인 성장으로 이어지는 곱셈의 개념을 살펴보자.

놀라운 곱셈의 위력

가령 당신이 일주일에 10시간씩 파트타임으로 네트워

크 마케팅 사업을 한다고 가정해보자. 또한 당신과 생각이 비슷한 10명의 동료를 사업에 참여시켜 이들 역시 일주일에 10시간씩 일한다고 해보자.

그러면 당신은 곱셈의 위력으로 110시간의 노력에 해당하는 대가를 받는다. 한번 계산해보자. 동료들이 일주일에 '10 × 10 = 100' 시간을 일하고 여기에 당신이 노력한 시간 10시간을 더하면 110시간이 된다. 이것을 일주일에 40시간을 일하는 전형적인 근무와 비교해보라.

더 나아가 당신의 네트워크에 100명이 들어와 모두들 일주일에 10시간씩 일한다고 해보자. 이 경우 당신은 매주 1,000시간의 노력에 따른 소득을 벌어들인다!

실제로 해고당한 노동자, 전직 교사, 전직 기업체 임원, 의사, 변호사가 네트워크 마케팅에서 수천 혹은 수만에 달하는 네트워크를 구축하는 일이 드물지 않다. 무엇보다 네트워크 마케팅에서는 평범한 보통 사람이 고용주의 지시를 받을 필요 없이 부자나 유명인의 라이프스타일을 누리는 경우가 많다.

기회를 잡을 것인가, 그냥 보낼 것인가?

선택은 당신에게 달려 있다. 나는 단지 당신이 합리적인 판단을 내리도록 세상에 존재하는 하나의 기회를 알려줄 수 있을 뿐이다.

제2의 프랜차이즈는 당신을 위한 사업일 수도 있고 아닐 수도 있다. 한 가지 확실한 것은 해보지 않으면 누구도 그 결과를 알 수 없다는 점이다. 나는 가끔 "현명한 사람은 어리석은 사람이 당연하게 생각하는 것을 연구한다"라는 말을 한다. 직접 해보라. 해보기 전에는 알 수 없지 않은가?

사람들에게 기회에 관한 이야기를 할 때마다 나는 오래된 희극의 한 장면이 떠오른다. 두 명의 희극배우가 노래하고 춤을 추다가 그중 한 명이 말했다.

"기회가 노크하면 문을 열어주어야 한다."

그때 상대방은 어깨를 으쓱하더니 재치 있게 대답했다.

"그래. 언젠가 기회가 자네 집을 노크한 적이 있지. 그런데 자네가 도난경보기를 끄고 안전빗장을 뽑고 방호용

사슬을 벗기고 문고리를 푸는 사이에 가버리더군."

얼마나 더 망설일 것인가?

"후회하느니 안전한 편이 낫다"라고 말하는 사람도 있다. 그러나 최고 중의 최고는 '안전한 것보다 성공하는 것이 더 낫다'는 말이다.

12장

나는 기회와 위험을 모두 선택하기로 했다.
— 케이시 스텐겔(Casey Stengel), 메이저리그 명감독

1루에 발을 붙이고는 2루로 도루할 수 없다

1995년 일본의 한 신생기업이 세계 최초로 트랜지스터라디오를 발명했다. 그때 미국의 시계 제조업체 부로바(Bulova)가 10만 대의 트랜지스터라디오를 구매할 테니 부로바 상표로 판매하자고 제안했다.

당신이 그 회사의 사장이라면 어떻게 하겠는가? 다음 해에 부로바에서 수백만 대의 라디오를 더 주문할 것이라 예상하고 보다 안전한 쪽을 택해 그 제안을 받아들이겠는가? 아니면 그 제안을 거절하고 자기 상표로 라디오를 판매해 수익도 키우고 회사 이름도 널리 알리는 예측된 모험을 하겠는가?

실제로 일본 회사 사장 모리타 아키오는 후자를 선택해 엄청난 대가를 얻었다. 이후 그 회사는 최초의 트랜지스터 라디오, 최초의 VCR, 최초의 CD 플레이어 등을 부담 없는 가격으로 생산 및 판매해 전 세계적으로 이름을 떨쳤다.

한때 성공 여부가 불투명하던 그 작은 회사는 바로 연 매출이 부로바를 훨씬 앞서는 '소니'다.

모험 없이는 영광도 없다

당연히 받아들일 거라고 여긴 제안을 거절당하자 부로바 사장이 아키오에게 그 이유를 물었다. 그때 아키오는 역사에 남을 만한 대답을 했다.

"우리 회사는 지금 다음 50년을 향한 첫발을 내딛었다."

아키오는 소니를 성공적인 회사로 키우기 위해 부로바에 의존하지 않았다. 만약 그가 부로바와 거래했다면 어떤 일이든 그들에게 의존해야 했으리라. 아키오는 예측된 모험을 선택해 커다란 부를 이루고 새로운 역사도 창조했다.

소니의 성공 이전에 일본 제품은 품질이 조악하고 싸구려 제품이라는 이미지가 지배적이었다. 사람들이 '일제' 하면 '쓰레기'라고 말할 정도였다. 그 인식을 바꿔놓은 것이 바로 소니다.

모든 일에는 위험이 따른다

모든 일에는 위험과 모험이 따른다.
산책은 차에 치일 위험을 감수하는 일이다.
결혼은 이혼의 위험을 감수하는 일이다.
직장생활은 해고당할 위험을 감수하는 일이다.
언젠가 내 사업 파트너가 이런 시를 보내주었다.

위험 감수

웃음은 바보로 보일 위험을 감수하는 일이다.
울음은 감상적으로 보일 위험을 감수하는 일이다.
사랑하는 것은 상대에게 사랑받지 못할 위험을 감수하

는 일이다.

삶은 죽음을 감수하는 일이다.

희망을 갖는 것은 절망할 위험을 감수하는 일이다.

시도는 실패할 위험을 감수하는 일이다.

그러나 인생 최대의 위험은 아무것도 시도하지 않는 것이다.

우리는 위험을 받아들여야 한다.

아무 위험도 수용하지 않는 사람은 아무것도 하지 못한다.

아무 위험도 수용하지 않는 사람은 아무것도 갖지 못한다.

그리고 그는 아무것도 아닌 사람이다.

그는 고통과 슬픔은 피할지 몰라도 배우고 느끼고 변화하고 성장하고 사랑할 수 없다.

또한 살아갈 수도 없다.

그는 자신의 두려움에 얽매인 노예다.

그는 자유를 잃은 사람이다.

오직 위험을 수용하는 사람만 자유로울 수 있다!

꿩도 먹고 알도 먹는 것은 불가능하다

"오직 위험을 수용하는 사람만 자유로울 수 있다."

이 말은 매우 강력하고도 분명한 진리다. 우리에게는 자유롭게 독립할 권리가 아니라 단지 기회가 보장되어 있을 뿐이다.

자유기업은 실패로부터 우리를 보호하지 않는다.

자유기업은 공짜 점심을 제공하지 않는다.

자유기업은 결과를 책임지지 않는다.

고로 어떤 길을 선택하든 대가가 따른다. 문제는 우리가 안정도 원하고 동시에 예측된 위험을 수용해야만 얻는 커다란 보상도 원한다는 데 있다. 우리는 꿩도 먹고 알도 먹기를 바라지만 그것은 불가능한 일이다.

현실을 제대로 보라

중국의 '음양' 사상이 말해주듯 모든 힘에는 동일하게 정반대로 흐르는 힘이 있다. 삶과 죽음, 젊음과 늙음, 빛과

어둠, 행복과 슬픔, 부와 빈곤은 모두 음양의 대표적인 예다. 세상은 이런 이치로 돌아간다.

이것이 식사 때마다 피자에다 아이스크림을 한 통 비우고 운동은 하지 않는 동시에 살이 저절로 빠지기를 바랄 수 없는 이유다.

이것이 안정적인 삶에 발을 딛고 자유기업이 주는 자유, 스스로 시간을 계획하는 자유, 자기 인생의 선장이 되는 자유, 스스로 결정하는 자유, 자기 운명을 지배하는 자유를 누릴 수 없는 이유다.

안전지대를 벗어나라

예를 들어 여기 빨간 풍선이 있고 당신이 간단한 일을 하나 하면 당신에게 1,000달러가 주어진다고 해보자. 그 간단한 일이란 숨을 들이쉬면서 동시에 풍선을 부는 것을 말한다.

할 수 있겠는가? 아마 못할 것이다. 설령 3,000달러, 심지어 200만 달러를 준다고 해도 당신은 숨을 들이쉬면서 동시에 내쉴 수 없다.

자유기업도 마찬가지다. 1루에 발을 붙이고는 2루로 도루할 수 없다. 현재 머무는 안전지대를 벗어나 다가온 기회를 붙잡지 않으면 경제적으로 절대 자유로워질 수 없다. 이 분명한 진실을 받아들여야 한다. 물론 어떤 직업에 종사하면서 파트타임으로 자기사업을 할 수도 있지만, 진정 자유롭고 싶다면 어느 시점에는 그 직업에서 벗어나야 한다.

내가 자유기업 메시지를 전달하는 이유

이제 오스본이라는 사람의 이야기를 들려주고자 한다.

1958년 크리스마스 무렵, 호화로운 저택에다 별장을 다섯 채나 소유한 그에게는 아내와 두 살짜리 아들이 있었다. 그리고 그의 리무진을 모는 운전기사는 밤낮으로 대기하며 그를 따랐다. 많은 사업체를 거느린 그는 섬유산업을 이끌었고 브라질 쿠바 대사로 임명되기도 했다.

그런데 그로부터 한 달이 채 지나지 않아 그는 모든 것을 잃었다. 그가 열심히 일해 얻은 결과물이 영원히 사라져버린 것이다.

1929년 미국의 주식시장이 붕괴되었을 때 오스본보다 훨씬 더 적은 것을 잃은 사람들이 높은 빌딩에서 뛰어내렸다. 그러나 오스본은 자신의 생명을 내던지지 않았고 밑바닥부터 다시 시작해 카리브 지역과 남미에서 여러 개의 성공적인 사업체를 운영했다. 그는 엄청난 부를 완전히 되찾지는 못했으나 자신의 위상만큼은 회복했다.

나는 오스본이 재기하느라 겪은 어려움과 고통을 알고 있고 분노, 좌절과 어떻게 싸웠는지도 잘 안다. 그는 단 한 순간도 자기연민에 빠진 적이 없다. 가장 비극적이면서도 불공정한 권리 침해 앞에서 오스본은 절대 자기연민에 빠지지 않았다.

그는 바로 내 아버지 버크 오스본 헤지스(Burke Osborne Hedges)다. 탐욕스러운 카스트로 정권이 아버지의 은행계좌, 부동산, 그 밖에 모든 것을 몰수하기 전까지 아버지는 쿠바에서 커다란 부를 누리던 사람이었다. 내 아버지의 쇠목은 단지 쿠바와 라틴아메리카 전역에서 수천 명에게 일자리를 제공한 것밖에 없다.

  이제 내가 왜 그토록 자유기업을 외치는지 이해하겠는가? 누구도 내 아버지가 겪은 일을 더는 겪어서는 안 된다. 이것이 내가 자유기업 메시지를 전달하는 일을 일생의 사명으로 선택한 이유다.

기회는 잡아야 내 것이 된다

  당신에게 주어진 자유기업이라는 기회를 결코 헛되이 낭비하지 마라.

  그것은 마치 투표 권리와 같아서 당신이 사용하지 않으면 그냥 잃어버리고 만다.

  당신은 자유기업이 제공하는 기회를 붙잡아 당신의 꿈을 실현해야 한다.

13장

정직한 땀을 쏟아 최대한 벌어들인 그는
세상에 당당하다.
누구에게도 빚을 지지 않았기 때문이다.
— 헨리 워즈워스 롱펠로(Henry Wadsworth Longfellow), 미국의 시인

개인 독립선언서에 서명하라

약 250년 전, 56명의 건국의 아버지들이 필라델피아의 한 밀폐된 공간에 모여 어떤 문서를 만들었다. 두세 쪽 분량의 그 문서는 '독립선언문'으로 토머스 제퍼슨(Thomas Jefferson)은 초고 없이 선언문을 작성하면서 "독립은 인간에게 지극히 당연한 권리라는 상식을 일깨워주고 싶습니다"라고 말했다.

다음의 내용은 독립선언문 중에서도 가장 유명한 문장이다.

"모든 인간은 평등하게 창조되었고 창조주는 모두에게 누구도 빼앗을 수 없는 권리, 즉 생존, 자유, 행복 추구권

을 부여했다."

당연히 주어지는 것은 없다

열두 살 무렵 나는 주말마다 아버지와 체스 게임을 즐겼다. 어느 날 게임을 끝낸 아버지는 내게 중요한 말씀을 해주셨다.

"버키, 그 무엇도 당연히 주어지는 것으로 받아들이지 말거라."

우리는 타인에게 피해를 주지 않는 한 하고 싶은 것을 마음껏 하는 자유를 누린다. 그 자유로움으로 당신은 무엇을 하고 있는가? 혹시 자유를 벽장의 안전한 곳에 처박아 두었는가?

당신이 누리는 그 자유를 당연시하지 마라. 56명의 건국의 아버지들은 자유를 쟁취하기 위해 목숨, 성공 그리고 신성한 명예를 걸었다. 그들은 대부분 경제적으로 풍요로웠기에 마음만 먹으면 얼마든지 안정적으로 살아갈 수 있었다. 그렇지만 그들은 자유를 위해 모든 것을 걸었다.

당신은 어떠한가?

지금 진정으로 자유로운가?

상사의 간섭과 횡포로부터 자유로운가?

정부의 정책으로부터 자유로운가?

당신의 통제권 밖에 있는 중역실의 결정으로부터 자유로운가?

긴 노동시간으로부터 자유로운가?

경제적으로 자유로운가?

개인 독립선언서

당신 자신에게 물어보라.

"내 길을 개척해 꿈을 실현할 수 있는가?"

그 대답이 '아니오'라면 일어나서 선언하라. 당신의 개인 독립선언서에 서명하라.

파산 중독에서 벗어나는 것, 자기사업을 하겠다는 꿈을 갖는 것, 사유기업으로 사유를 실현하는 것, 직장이라는 안전지대에서 나오는 것을 진정 고민한다면 당장 당신의 개인 독립선언서에 서명해야 한다.

여기에 선언서의 초안을 작성해놓았다. 지금 당장 서명하라.

《개인 독립선언서》

나는 자유기업 정신으로 어쩔 수 없이 선택한 직장과 원치 않는 상사들이 주는 중압감의 굴레에서 벗어나 내 목적과 경제적 독립을 성취한다.

나는 자유기업 정신이 모두에게 해당된다는 것을 받아들이고, 내가 신에게 생각하고 꿈꾸고 배우고 행동하고 남을 신뢰할 능력을 부여받았음을 안다.

나는 스스로 충분한 잠재력을 인식해 앞으로 내 사업을 시작하겠다고 선언한다.

서명: 날짜:

축하한다.

이제 당신은 직장 의존도가 높은 세상에서 독립을 향한 첫발을 내딛었다. 다음 단계는 행동으로 옮기는 일이다. 어느 현자의 말을 기억하라.

"큰 걸음을 내딛는 것을 두려워하지 마라. 작은 걸음 두 번으로 깊은 협곡을 뛰어넘을 수는 없다."

14장

인생은 파도타기와 같다.
밀물을 타면 행운의 바다로 밀려가지만,
썰물을 만나면 얕고 질퍽거리는 갯벌에 처박힌다.
- 윌리엄 셰익스피어(William Shakespeare)

표지만 보고 전체 내용을 판단할 수는 없다

몇 년 전 나는 평생 잊지 못할 감동적인 이야기를 들었다.

어느 부유하고 신앙심 깊은 중년의 아버지가 성미 급한 아들과 함께 살고 있었다. 일찍 세상을 떠난 아내 몫까지 더해 그는 성미 급한 아들이 행여나 버릇없이 자랄까 염려되어 엄격하게 가르쳤다.

아들이 고등학교를 졸업할 무렵 아버지는 아들에게 졸업선물로 무엇을 받고 싶은지 물었다. 아들은 스포츠카를 받고 싶다고 말했다.

졸업식 날 아버지는 자신의 친구와 함께 아들의 졸업

식에 참석했다. 아들이 졸업장을 받자 감격한 아버지는 아들을 안고 눈물을 흘리며 생애 최고로 기쁜 날이라고 말했다. 그리고 급히 포장한 선물꾸러미를 아들에게 쥐어주며 말했다.

"이 선물을 주게 되어 기쁘구나. 이 선물이 네 인생에서 커다란 기쁨이길 간절히 기도한다."

아들은 밝게 웃으며 얼른 선물 포장을 열었다. 그런데 아들의 미소는 금세 찡그림으로 변했고 다시 분노의 냉소로 바뀌었다. 포장지 안에 기대하던 열쇠가 아니라 새 성경책이 들어 있었던 것이다. 성미 급한 아들은 성경책을 팽개치며 말했다.

"제가 원하는 게 무엇인지 알면서 어떻게 성경책을 주실 수 있어요? 아버지가 미워요!"

아들은 애타게 자신을 부르는 아버지를 뒤로한 채 졸업식장을 뛰쳐나갔다.

"잠깐만, 기다려라! 그게 아니란다."

아들은 뒤도 돌아보지 않았고 그 충격으로 가슴을 움켜쥐고 바닥에 쓰러진 아버지는 심장마비로 사망했다.

어느덧 세월이 흘러 이기적이고 성미 급한 아들은 중년의 아버지가 되어 있었다. 어느 따스한 봄날 그는 희미한 노크소리를 들었다. 그가 밖으로 나가자 지팡이에 몸을 의지한 한 노인이 한 손에 성경책을 들고 현관 앞에 서 있었다. 중년이 된 아들은 그가 아버지의 친구임을 알아보고 얼른 집 안으로 맞아들였다.

그들은 서재에 앉아 지나간 이야기를 나누며 한동안 추억에 잠겨 있었다. 이윽고 노인은 의자 깊숙이 몸을 기대며 물었다.

"자네, 이 성경책에 무엇이 들어 있는지 아는가?"

"그럼요. 아버지가 돌아가신 뒤 저는 인생의 의미를 찾기 위해 애썼어요. 그런데 아무리 세상 구석구석을 돌아봐도 성경에 쓰인 내용보다 더 참된 진리는 없더군요."

노인은 오래전에 세상을 떠난 친구가 아들의 말을 들으면 기뻐할 것이라 생각하며 흐뭇한 미소를 지었다. 잠시 침묵이 흐른 후 노인이 말했다.

"나는 많이 늙었고 세상을 떠날 날이 얼마 남지 않았네. 그래서 결단을 했지. 사실 자네를 찾아오기까지 많이 망설였다네. 하지만 오늘 자네를 보니 내가 옳은 선택을 했다는 생각이 드는군. 자네 부친께서도 무척 자랑스러워할 걸세."

중년의 아들은 노인의 칭찬에 안색이 밝아졌다.

"내가 이 성경책 안에 무엇이 들어 있느냐고 물었을 때 확신에 찬 자네의 말을 듣고 무척 기뻤네. 한데 내가 물어본 것은 그런 의미가 아니었네. 자네 정말 이 성경책 속에 무엇이 있는지 아는가?"

"글쎄요. 잘 모르겠습니다."

"알다시피 이 성경책은 자네의 고등학교 졸업식 날 부친께서 선물한 그 성경책일세. 자네 부친이 쓰러진 후 나는 이 성경책을 지금까지 고이 간직해왔다네. 자네에게 돌려줄 날을 기다리면서 말일세. 이제 이것을 돌려줄 때가 된 것 같군."

노인은 잠시 중년의 아들을 바라보더니 말을 이었다.

"내가 돌아간 뒤 이 책을 주의 깊게 펼쳐보길 바라네. 그 안에서 부친에 대한 오해를 풀어줄 무언가를 발견할 것일세."

노인을 현관까지 배웅한 아들은 서재로 돌아왔다. 그리고 빛바랜 성경책을 한 장 한 장 넘겨보기 시작했다. 갑자기 졸업식 날 아버지에게 느꼈던 배신감, 그 때문에 수년간 마음속에 맺혔던 분노가 떠올랐다. 그런데 마지막 장을 열었을 때 그는 뒤표지에서 테이프로 고정한 녹슨 자동차 열쇠를 발견했다.

"아니... 이건!!!"

수년 전 아버지를 죽음으로 몰고 간 자신의 무지한 행동이 가슴으로 파고들면서 그는 침묵과 함께 주저앉았다. 그리고는 소리 내어 울기 시작했다.

생각과 현실에는 차이가 있다

현실과 우리의 생각에는 커다란 차이가 있다.

우리는 직장생활을 하면 심리적, 경제적 안정을 누릴 수 있다고 생각한다.

우리는 자기사업은 위험부담이 크다고 생각한다.

우리는 정부의 복지정책이 평생의 안정을 보장할 것이

라고 생각한다.

우리는 다른 사람은 몰라도 자신은 자기사업을 할 수 없다고 생각한다.

우리는 자신이 부나 경제적 자유와 거리가 멀다고 생각한다. 이러한 생각은 다음과 같은 현실과 커다란 차이가 있다. 인생의 안정을 보장받는 유일한 길은 스스로 독립하는 것이다.

10년 후 자신의 위치를 결정하는 것은 자기 자신이다.

한 직장에 의존하는 것은 위험한 일이다.

평생직장은 영원히 사라졌다.

정부의 복지정책은 진부하고 허점투성이다.

직장 의존도가 높은 세상에서 독립하는 유일한 길은 위험을 감수하고 자기사업을 하는 것이다.

첫발을 내딛어라

이제 당신 자신에게 냉정하게 물어보라.

얼마나 부푼 마음으로 새로운 일에 도전했다가 6개월

후 행복하지도 성취한 것도 없다고 느꼈는가? 얼마나 '이런 대우를 받는 데 진저리가 난다. 더 이상 참을 수 없어'라고 외치고 싶은 충동을 느끼는가?

당신이 원치 않으면 직장이라는 수레바퀴 속으로 당신을 내몰 필요가 없다. 더 멋지고 희망찬 미래가 당신을 기다리고 있는데 그럴 필요가 어디 있는가?

눈을 똑바로 뜨고 현실을 바라보면 직장생활보다 더 많은 기회가 눈앞에 있음을 알게 될 것이다.

모든 상품이 처음 발명된 것은 아니다.

모든 필요가 충족되고 있는 것은 아니다.

모든 서비스가 제공되고 있는 것은 아니다.

모든 상품이 사용되고 있는 것은 아니다.

왜 망설이는가? 누군가는 그러한 욕구를 만족시키려 노력하고 있다. 왜 당신이 나서면 안 되는가? 왜 지금 시작하지 않는가?

모든 사람이 기회를 노린다. 누군가는 그 기회를 먼저 포착할 것이다. 지금이라도 왜 사업을 시작할 수 없는지 변명을 늘어놓는 대신, 사업을 시작할 이유를 찾아야 한다.

그다음 단계는 실행이다.

만약 당신이 남 밑에서 일하며 불만이 많다면 지금이야말로 인생을 즐기며 이익을 얻는 사업을 시작할 적기다. 성미 급한 아들처럼 미숙한 행동은 하지 않길 바란다. 그는 아버지가 선물한 성경책을 읽을 생각조차 하지 않았고 결국 너무 엄청난 대가를 치렀다.

눈, 귀, 마음을 넓혀 기회를 찾아라.

가능성을 바라보고 자유를 향해 마음을 활짝 열어라. 그리고 앞으로 나아가라.

첫발을 내딛어라. 달려라. 절대 뒤돌아보지 마라!

1루에 발을 붙이고는
2루로 도루할 수 없다

초판 1쇄 | 2017년 11월 15일

지은이 | 버크 헤지스
옮긴이 | 박 옥
발행인 | 김명선

발행처 | 도서출판 나라
주소 | 경기도 성남시 분당구 탄천상로 151번길 20
전화 | (02)415-3121
팩스 | (02)415-0096
등록번호 | 제11-227호
이메일 | narabooks@hanmail.net

ISBN | 979-11-87367-04-8

You Can't Steal Second With Your Foot On First!
Copyright ⓒ 2000 by Burke Hedges and Steve Price
All rights reserved
Korean Translation Copyright ⓒ 2017 by NARA Publishing Co.
Korean translation rights arranged with Backbone worldwide, Inc.
through NARA Publishing Co.
이 책의 한국어판 저작권은 Backbone worldwide, Inc사와의 계약에 의해 도서 출판 나라에 있습니다. 한국 내에서 보호를 받는 저작물이므로 무단전재와 무단복제를 금합니다.

*좋은 독자가 좋은 책을 만듭니다.
*나라출판사는 독자 여러분의 의견에 항상 귀 기울이고 있습니다.
*책 값은 뒷 표지에 있습니다.